Das große Bauernhof-Kochbuch

DAS GROSSE BAUERNHOF-KOCHBUCH

Sarah Mayor
Fotografiert von Andrew Montgomery
Übersetzt von Sabine Schlimm

Hölker Verlag

Inhalt 6

Einleitung 8
Von der Weide in die Küche 10
Aus der Molkerei 46
Aus der Hofküche 74
Aus dem Gemüsegarten 104
Vom Geflügelhof 130
Von der Weide 156
Aus Wald, Wiese und Gewässern 188
Aus dem Obstgarten 218
Rezeptliste 220
Register 224
Danke

Dieses Kochbuch hat seine Wurzeln im Yeo Valley, einem wunderschönen Eckchen von Somerset zwischen den Mendip Hills und dem Chew Valley. Hier bin ich aufgewachsen, und hier lebe ich heute noch. Die Familie meines Vaters bestellt seit dem 15. Jahrhundert den Boden des Yeo Valley. Unseren heutigen Hof am Ufer des Blagdon Lake kauften meine Eltern 1961.

Essen hat in meinem Leben immer eine große Rolle gespielt. Wenn man ständig Obst, Gemüse und Fisch sowie Fleisch und Milchprodukte frisch und in hervorragender Qualität um sich hat, dann drängt es einen wie von selbst an den Herd. Entsprechend half ich schon als Kind beim Kochen — wenn ich mich nicht gerade um Kälbchen kümmerte oder die Angel nach Forellen auswarf.

Aber so idyllisch das auch klingt (und auch wirklich war): Ein Hof erfordert harte Arbeit. Von klein auf mussten mein Bruder Tim, meine Schwester Amanda und ich mit anpacken. Wir fütterten die Kühe, halfen Lämmern und Kälbern auf die Welt und misteten aus — Letzteres natürlich mit besonderer Begeisterung.

Damals, also in den Sechzigerjahren, besaßen wir alle möglichen Tiere: Kühe, Schafe, Ponys, Hühner und Puten. Etwas später begannen wir außerdem Kartoffeln, Zuckermais und Erdbeeren anzubauen und zum Selberpflücken anzubieten. Weil die Besucher immer von der malerischen Lage des Hofes am Seeufer schwärmten, kam als Nächstes ein Hofcafé dazu, in dem wir Scones mit Konfitüre und Clotted Cream, also dicker, buttriger Sahne von den eigenen Kühen, servierten. Es dauerte nicht lange, bis die Warteschlangen bis zur Hauptstraße reichten.

Allerdings stellte sich bald ein neues Problem: Was sollten wir mit der ganzen fettarmen Milch anfangen, die bei der Herstellung von Clotted Cream anfiel? Dad hatte den Geistesblitz: Joghurt! Damals war das eine ziemlich verrückte Idee. Schließlich sprechen wir hier von einer Zeit, als man noch nicht in jedem Supermarkt Zitronengras und Granatäpfel kaufen konnte. Selbst Supermärkte als solche waren ja noch quasi unbekannt! Anders ausgedrückt: Sogar Olivenöl galt damals noch als exotisch. Daher schlossen wir unseren ersten Liefervertrag für Joghurt nicht mit einem Laden, sondern mit einem Krankenhaus in Bristol.

Zum Glück sollten sich Dads Enthusiasmus und Weitblick auszahlen. Denn plötzlich änderten sich die Essgewohnheiten radikal, und Joghurt galt nicht mehr lediglich als gesund, sondern auch als lecker. Nach und nach wurde er zum wichtigsten Produkt unseres Hofes, und das ist bis heute so geblieben.

Diese kleine Revolution der Essgewohnheiten inspirierte nicht nur meinen Vater, sondern auch mich. Ich hatte mich inzwischen voll und ganz dem Essen und Kochen verschrieben. Zu Hause hatte ich in dieser Beziehung zwar viel gelernt, aber ich wollte mehr: 1979 ging ich nach London und arbeitete im Catering, aber es dauerte nicht lange, bis es mich wieder in mein geliebtes Somerset zurückzog. Als das jüngste meiner drei Kinder in die Schule kam, fragte mich eine Freundin, ob ich an ihrer Kochschule The Grange unterrichten wollte. Ich zögerte, denn so etwas hatte ich nie zuvor gemacht, aber sie ließ nicht locker — zum Glück! Mein Können an andere weiterzugeben und zu zeigen, wie man Lebensmittel mit allen Sinnen erlebt, fand ich großartig. In den Kursen an der Kochschule konnte ich vermitteln, was mir wichtig ist: was Regionalität bedeutet, woher unser Essen stammt und wie die Tiere gelebt haben, die auf unserem Teller landen. Vor allem aber ging es mir immer um die gesellige Seite, um die wunderbare Erfahrung, mit Familie und Freunden zusammen um einen Tisch zu sitzen und gemeinsam eine Mahlzeit zu genießen.

Es ist schon komisch: Manche Dinge haben sich über die Jahre hinweg kaum verändert. Ja, der Hof ist inzwischen viel größer, aber damals wie heute sind uns die gleichen Sachen wichtig. Die ganze Familie wohnt immer noch hier: Mein Bruder Tim, der das Unternehmen Yeo Valley leitet, lebt in meinem Elternhaus, meine Mutter im nächsten Dorf, ich einen Steinwurf weit entfernt auf einem eigenen Bio-Bauernhof, und meine Schwester Amanda ist ebenfalls in der Nähe. Wir alle sind immer noch stark in das Unternehmen Yeo Valley eingebunden, genauso wie früher. Und gutes Essen aus regionalen und saisonalen Zutaten ist uns allen so wichtig wie eh und je.

Heute gibt es am Firmenstandort ein hervorragendes Restaurant, das nicht nur den Mitarbeitern offensteht, sondern auch unseren Geschäftspartnern. Mir hat sich damit die Möglichkeit eröffnet, all das, was ich anderswo übers Kochen gelernt habe, wieder in den heimischen Hof einzubringen. Ich habe die Mahlzeiten eines ganzen Jahres vorausgeplant, und zwar unter Verwendung der besten Lebensmittel von Hof und Gärten.

In diesem Buch finden Sie etliche meiner absoluten Lieblingsgerichte, allesamt inspiriert durch die hiesige Landschaft und meine Erfahrungen als Köchin. Ich würde sie als klassische Landküche mit modernem Dreh bezeichnen. Einige der Gerichte servieren wir heute in unserem Restaurant und den Cafés, andere haben wir schon als Kinder geliebt. Die übrigen bereiten wir zu Hause zu, wenn wir gemeinsam essen, mit Freunden und unserer großen Familie (bei der letzten Zählung waren es neun Enkel!). Dann gibt es echtes Familienessen. Ein Jahr lang habe ich für dieses Buch gekocht, abgeschmeckt und angepasst. Ich hoffe, die Ergebnisse gefallen Ihnen.

EINLEITUNG

Von der Weide in die Küche

In Somerset sorgt das Klima für saftige Wiesen. Als Bauer kann man hier also gar nichts Besseres tun, als Milchvieh zu halten. Alle unsere Kühe gehören zur robusten Rasse British Friesian, die auf der Weide prächtig gedeihen.

Die Herde umfasst 400 Tiere, die teils hier auf Holt Farm am Ufer des Blagdon Lake im Yeo Valley stehen, teils auf Yoxter Farm, vier Meilen entfernt in den Hügeln der Mendip Hills.

Um Joghurt herzustellen, geben wir spezielle Bakterienstämme in warme Milch. Sie wandeln Laktose in Milchsäure um, die wiederum schädliche Bakterien in Schach hält. Das nennt man Fermentation. Wenn Sie Lust haben, es selbst einmal auszuprobieren: Auf Seite 14 finden Sie ein einfaches Joghurtrezept.

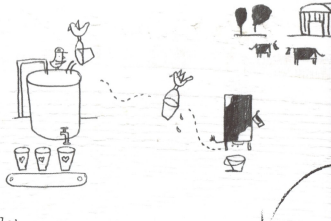

Milch verdirbt leicht. Wenn man aber mithilfe spezieller Bakterien Joghurt daraus herstellt, kann man sie auch in heißem Klima viel länger aufbewahren. Was für eine clevere Erfindung!

In den warmen Monaten grasen unsere Kühe auf der Weide. Wenn es kühler wird, bringen wir sie in den großen, gut belüfteten Stall, wo sie reichlich Streu vorfinden. Das Winterfutter besteht hauptsächlich aus Bio-Silage, also fermentiertem Gras. Außerdem bekommen sie Getreide: Weizen, Gerste und Triticale. Eine ausgewogene Ernährung ist nicht nur für uns Menschen wichtig!

Für die Aufzucht unserer Kälber – bis zu 400 pro Jahr – besitzen wir einen eigenen Stall. Die besten Stierkälber werden als Zuchtbullen in alle Welt verkauft. Die übrigen mästen wir, um sie zu schlachten. Weibliche Kälber werden in die Milchkuhherde integriert.

Zweimal täglich kommen die Kühe zum Melken, und jede gibt pro Tag rund 25 Liter Milch. 200 Kühe zu melken dauert ungefähr drei Stunden! Die Milch wird nicht lange durch die Gegend gefahren: Gleich 800 Meter weiter verarbeiten wir sie in der Molkerei zu Joghurt.

Neun Mitarbeiter kümmern sich um die Kühe, während weitere damit beschäftigt sind, Trockensteinmauern zu bauen, Bäume zu pflanzen und Hecken zu pflegen. Außerdem sorgen sie dafür, dass immer genügend Süßgras (Miscanthus) für den Biomasse-Boiler da ist, der das Firmengebäude beheizt.

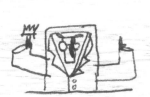

VON DER WEIDE IN DIE KÜCHE

Aus der Molkerei

Milch ist einfach großartig, davon sind wir überzeugt. Wussten Sie, dass Blauwalsäuglinge ganze fünf Jahre nur von der Milch ihrer Mütter leben? Milch ist randvoll mit guten Inhaltsstoffen – und dabei so vielseitig! Cremiger Joghurt zum Frühstücksmüsli, mittags ein Klecks Crème fraîche auf den selbstgemachten Bandnudeln, Fenchel-Chili-Butter auf dem leckeren Steak zum Abendessen: schmeckt unwiderstehlich.

← Mum und Margot werfen sich fürs Foto in Positur

Seit unsere Eltern den Hof in den Sechzigern gründeten, gehören Kühe zur Familie.

Felicity

Wir lieben die Rasse British Friesian: Diese robusten Kühe kommen bestens mit Klee und Gras zurecht.

Im Winter stehen unsere Kühe im warmen Stall und fressen eine Mischung aus Silage und Getreide.

Jede Kuh bekommt ihr Futter nach eigenem Nährstoffbedarf gemischt — das ist individueller Service!

Es gibt sogar Roboter im Stall, die den Mist wegkratzen. Ein schön sauberer Boden sorgt bei den Kühen für trockene, gesunde Klauen.

Do it yourself

Milchprodukte selbst herzustellen macht ziemlich stolz. Dabei ist es ganz einfach, wie die folgenden Rezepte zeigen.

Joghurt

Wenn Sie ihn so stichfest wie gekauften Joghurt haben möchten, lassen Sie ihn einfach in einem Sieb (mit einem Tuch ausgelegt) ein bis zwei Stunden im Kühlschrank abtropfen.

1 l Vollmilch in einen Topf geben und auf 85 °C erhitzen, bis sie dampft und am Rand Bläschen aufsteigen. In eine sehr saubere Schüssel gießen und auf 43–46 °C abkühlen lassen. 65 g Naturjoghurt (mit lebendigen Joghurtkulturen) mit dem Schneebesen einrühren und die Mischung mindestens 7–12 Std. warm und erschütterungsfrei ruhen lassen. (Wir benutzen dafür Thermosflaschen oder stellen den Topf, in saubere Handtücher gewickelt, in die Nähe der Heizung oder des warmen Backofens.) Den Joghurt durchrühren und in verschließbare Behältnisse umfüllen. Über Nacht im Kühlschrank nachdicken lassen.

ERGIBT 1 L

Joghurtkäse (Labneh)

Dieser Frischkäse aus abgetropftem Joghurt wird zu Kugeln geformt und in Öl mit Kräutern oder Gewürzen eingelegt. Er schmeckt zum Beispiel gut auf Kräckern, mit etwas Tapenade oder Pesto aus Basilikum oder getrockneten Tomaten. Der Käse hält sich ca. eine Woche im Kühlschrank.

1,5 kg griechischen Joghurt mit 2 TL Salz mischen. Ein großes Sieb mit einem Mulltuch auslegen, den Joghurt hineingeben, die Tuchzipfel kreuzweise verknoten und über eine Schüssel hängen. Im Kühlschrank vollständig abtropfen lassen — ca. 48 Std. lang. Den fest gewordenen Joghurtkäse zu golfballgroßen Kugeln formen (die abgetropfte Flüssigkeit weggießen). Die Kugeln in ein großes, sterilisiertes Glas füllen und nach Belieben frische Kräuter, geschälte Knoblauchzehen, Zitronenzesten, grob gemörserte Pfefferkörner und/oder getrocknete Chilischoten (ganz oder zerbröselt) zugeben. Alles mit Olivenöl extra vergine bedecken. Im verschlossenen Glas ca. 24 Std. ziehen lassen.

ERGIBT CA. 900 G (35 KUGELN)

Probieren Sie doch mal ...

einen pikanten Feta-Paprika-Dip mit selbst gemachtem Joghurt: Den Backofen auf 220 °C (Umluft 200 °C) vorheizen. 1 rote Paprikaschote und 1 frische Chilischote mit Olivenöl bepinseln und im Ofen ca. 25 Min. schmoren, bis die Haut schwarz wird. Herausnehmen, in einem Gefrierbeutel abkühlen lassen, dann Haut, Samen und Stiele entfernen. Das Fruchtfleisch mit 200 g Fetakäse, 4–5 EL festem Naturjoghurt und 1 EL Olivenöl extra vergine im Mixer oder mit dem Pürierstab zu einer stückigen Paste verarbeiten.

Wie wäre es mit ...?

Statt den Joghurtkäse in Öl einzulegen, können Sie ihn auch als Dip servieren. Träufeln Sie Öl darüber und bestreuen Sie ihn mit Kräutern oder Za'atar, einer arabischen Würzmischung aus geröstetem Sesam, einem thymianartigen Kraut, Sumach (ein säuerliches Gewürz) und Salz.

Ricotta

Um Ricotta herzustellen, können Sie auch flüssiges Lab, Essigessenz, Weißweinessig oder Joghurt verwenden, aber für Geschmack und Konsistenz ist Zitronensaft am besten. Je länger Sie den Ricotta abtropfen lassen, desto fester wird er. Nach 8 Minuten ist er weich und kann gegessen werden. Nach 20 Minuten ist er formbar, aber immer noch weich. Nach 40–60 Minuten können Sie damit kochen. Benutzen Sie auf jeden Fall die frischeste Milch, die Sie kriegen können: Den Unterschied schmeckt man.

Ein großes Sieb mit einem angefeuchteten feinen Mulltuch auslegen. 2,25 l Vollmilch, 250 g Crème double und ½ TL Salz bei mittlerer Hitze auf 93 °C erhitzen, dabei gelegentlich umrühren. Sobald die richtige Temperatur erreicht ist, steigt Dampf auf, und an der leicht bewegten Oberfläche erscheinen kleine Bläschen. Die Milch vom Herd nehmen, 4 EL frisch gepressten Zitronensaft zugeben und rühren, bis die Milch gerinnt. Die Mischung 2 Min. ruhen lassen, dann mit einem Schaumlöffel das Feste (den Bruch) vorsichtig in das Sieb schöpfen – die Stücke sollen dabei möglichst groß bleiben. Den Ricotta abtropfen lassen, bis er die gewünschte Konsistenz erreicht (siehe links). Er hält sich zugedeckt im Kühlschrank 2 Tage.

ERGIBT CA. 600 G

Probieren Sie doch mal ... Ricotta-Soufflés:
Den Backofen auf 180 °C vorheizen. 6 neue Tonblumentöpfe (Ø 8–9 cm) mit Backpapier auslegen. 350 g Ricotta, 3 Eigelb (Größe M), 1 EL gehackte Thymianblättchen, Abrieb von 1 kleinen Bio-Zitrone und 25 g geriebenen Parmesan verrühren und salzen. 3 Eiweiß steif schlagen und unterziehen. Auf die Töpfe verteilen und die Soufflés in 20–25 Min. goldbraun backen. Heiß servieren.

AUS DER MOLKEREI

Butter

Diese Butter schmeckt wunderbar süßlich und einfach um Längen besser als die aus dem Supermarkt. Die Buttermilch, die dabei anfällt, erinnert nur entfernt an gekaufte, aber zum Brotbacken eignet sie sich bestens.

600 g Crème double und (falls Sie gesalzene Butter mögen) ¼ TL Salz so lange mixen, bis sich die Creme in Butter und Buttermilch trennt. 4–5 EL eiskaltes Wasser zugeben und weitermixen, bis sich Butterklümpchen bilden. Die Mischung in ein Sieb abgießen (dabei die Buttermilch in einer Schüssel auffangen; sie hält sich im Kühlschrank ca. 2 Tage). Die Butter auf einen Teller geben und mit einer Gabel zerdrücken, damit die übrige Buttermilch ausgepresst wird. Sobald keine Flüssigkeit mehr austritt, die Butter in kleine Gefäße drücken. Sie hält sich zugedeckt im Kühlschrank bis zu 5 Tage.

ERGIBT CA. 280 G

Probieren Sie doch mal ...

Würzbutter: 100 g zimmerwarme Butter mit ¼ TL Salz, frisch gemahlenem schwarzem Pfeffer und Würzzutaten nach Wahl (s.u.) verrühren. Die Würzbutter auf ein Stück Frischhaltefolie geben und zu einer 3 cm dicken Rolle formen. Eng einwickeln und im Kühlschrank fest werden lassen.

1. Fenchel, Chili & Knoblauch: 1 TL gemörserte Fenchelsamen, ½ gehackte frische Chilischote, ¼ TL gemörserte getrocknete Chilis, 2 durchgepresste Knoblauchzehen. **2. Blauschimmelkäse:** 50 g weicher Blauschimmelkäse, 1 TL gehackter Thymian. **3. Tomate, Rosmarin & Olive:** je 15 g getrocknete Tomaten und entsteinte schwarze Oliven (jeweils fein gehackt), 1 durchgepresste Knoblauchzehe, 1 TL gehackter Rosmarin. **4. Estragon & Knoblauch:** 2 EL gehackter Estragon, 2 durchgepresste Knoblauchzehen.

Frischkäse

Kühlen Sie den in ein Tuch gewickelten Käse über Nacht, so wird er schnittfest.

1 l Vollmilch in einem Topf langsam auf 37 °C erhitzen, in eine Schüssel gießen und 5 TL Käselab einrühren. Die Mischung 2 Std. abgedeckt kühl (aber nicht im Kühlschrank) ruhen lassen, dann den Käsebruch mit einer Gabel durchrühren und ¾ TL Salz untermischen. Ein großes Sieb mit einer doppelten Lage Mulltuch auslegen, über eine Schüssel hängen und die Mischung darin abgedeckt kühl (nicht im Kühlschrank) über Nacht abtropfen lassen.

ERGIBT CA. 200 G

Probieren Sie doch mal …
Vanille-Frischkäse-Herzen:

6 kleine Herzformen mit angefeuchteten Mulltuchstücken auslegen und auf einen Rost setzen. 200 g Frischkäse durch ein Sieb in eine Schüssel streichen. 225 g Crème double mit 25 g feinem Zucker aufschlagen und vorsichtig unter den Frischkäse heben. Die Mischung in die Förmchen füllen und abgedeckt 2 Std. in den Kühlschrank stellen. Die Herzen auf kleine Teller stürzen und mit Vanillezucker bestreuen (entweder das Mark von 1 Vanilleschote mit 50 g feinem Zucker mischen oder fertig gekauften verwenden). Etwas flüssige Sahne dazu servieren.

Crème fraîche

Selbst gemachte Crème fraîche ist einfach lecker. Falls Sie sie mehr als einmal selbst zubereiten möchten, verwenden Sie dazu ein paar Esslöffel von der ersten Portion Crème fraîche statt der Buttermilch – die neue wird dann noch cremiger.

200 g Crème double in einer Schüssel mit **2 EL (gekaufter) Buttermilch** verrühren. Die Schüssel mit Frischhaltefolie abdecken und 24 Std. an einem warmen Ort stehen lassen. Die Mischung sollte dann eingedickt sein und leicht säuerlich schmecken. Zugedeckt in den Kühlschrank stellen – sie wird dann noch dicklicher. Gekühlt hält sie sich ca. eine Woche.

ERGIBT CA. 250 G

Probieren Sie doch mal ...
Tagliatelle mit Crème fraîche, Butter und Käse:

250 g Crème fraîche mit 4 Eigelb (Größe M), 75 g geriebenem Parmesan und etwas Salz und Pfeffer verrühren. Die Mischung mit 30 g Butter zu 500 g gekochten, abgegossenen Tagliatelle geben und alles 1 Min. bei geringer Temperatur erhitzen, bis die Sauce etwas eindickt. Mit Parmesan bestreut servieren.

AUS DER MOLKEREI

Clotted Cream

Clotted Cream gehört traditionell zu Scones und damit zur Teestunde. Sie hält sich gekühlt fünf Tage.

Den Backofen auf 80 °C (Umluft 70 °C) vorheizen. **600 g Crème double** in eine flache, **ofenfeste Keramikform (28 x 18 cm)** gießen und fest mit Alufolie verschließen. 10–12 Std. (oder über Nacht) backen, bis sich oben eine dicke, hellgelbe Kruste bildet und die Masse darunter etwas dicklich geworden ist. Die Form herausnehmen, abkühlen lassen und mit Frischhaltefolie abgedeckt 8 Std. oder über Nacht in den Kühlschrank stellen. Die hellgelbe Schicht oben ist die Clotted Cream; die dünnere Sahne können Sie zum Kochen verwenden.

ERGIBT CA. 300 G

Probieren Sie doch mal …

Clotted-Cream-Eis: 1 Vanilleschote aufschlitzen, das Mark auskratzen und mit der Schote, 600 ml Vollmilch und 225 g Clotted Cream in einen Topf geben. Alles aufkochen, dann vom Herd nehmen und 20 Min. ziehen lassen. 6 Eigelb (Größe M) mit 175 g feinem Zucker schaumig schlagen. Die Vanilleschote entfernen, die Milchmischung erneut zum Kochen bringen und in den Eischaum rühren. Alles durch ein feines Sieb in den Topf zurückgießen und unter Rühren bei geringer Hitze köcheln lassen, bis die Creme eindickt. In einer Schüssel abgedeckt über Nacht kühl stellen. Am nächsten Tag die Mischung in der Eismaschine zu Eiscreme rühren, in eine Gefrierdose umfüllen und bis zur Verwendung einfrieren.

Milchshakes

Eins sollten Sie hierbei im Blick haben: Je fetter die Milch und die anderen Zutaten, desto cremiger wird auch der Shake. Wir benutzen griechischen oder Vollmilchjoghurt und für besondere Anlässe sogar Eiscreme. Das hier sind unsere vier Lieblingskombinationen. Sie müssen die Zutaten lediglich mit ein paar Eiswürfeln aufmixen.

Erdbeer: 250 ml eiskalte Vollmilch, 100 g Vanille-Eiscreme oder Vollmilchjoghurt (Natur oder Erdbeer), 250 g reife, geputzte Erdbeeren und 1 EL Honig (falls nötig).

Schokolade: 250 ml eiskalte Vollmilch, 100 g Vanille-Eiscreme oder Vollmilchjoghurt (Natur), 25 g Knusperkaramell nach Belieben (siehe S. 63) und 100 g Schokoladen- oder Schoko-Nuss-Aufstrich.

Banane: 250 ml eiskalte Vollmilch, 100 g reife, geschälte Banane, 100 g Vanille-Eiscreme oder Vollmilchjoghurt (Natur), 1 Prise gemahlene Vanille (oder Vanillezucker) und 1 EL Ahornsirup (falls nötig).

Erdnusscreme: 250 ml eiskalte Vollmilch, 100 g Vanille-Eiscreme oder Vollmilchjoghurt (Natur), 100 g feine Erdnusscreme ohne Zuckerzusatz und 1 EL Honig oder Agavendicksaft (falls nötig).

ERGIBT 1 SEHR GROSSES GLAS (oder 1 Flasche)

Die Freude darüber, ganz hinten im Kühlschrank noch ein Stückchen Blauschimmelkäse zu finden, hat mit solchen Rezepten zu tun. Diese cremige Suppe ist schnell gemacht, und falls Sie keine Lust haben, die Scones zu backen: Gutes Brot tut's auch.

Sellerie-Stilton-Suppe mit heißen Kartoffelscones

FÜR 4–6 PERSONEN

40 g Butter

1 große Zwiebel, gehackt

300 g Selleriestangen, fein geschnitten

15 g Weizenmehl

750 ml Hühnerbrühe

125 g Stilton oder anderer weicher Blauschimmelkäse, entrindet und zerbröselt

80 ml Sahne

Salz, schwarzer Pfeffer

Schnittlauch in Röllchen zum Bestreuen

FÜR DIE KARTOFFELSCONES:

100 g mehligkochende Kartoffeln, geschält und gewürfelt

Salz

175 g Weizenmehl, plus Mehl zum Verarbeiten

1 EL Backpulver

50 g kalte Butter, in Stücken

60 ml Vollmilch

1. Die Butter in einem großen Topf zerlassen. Zwiebel und Sellerie zugeben und bei geringer Hitze zugedeckt 20 Minuten andünsten, bis das Gemüse weich, aber nicht gebräunt ist. Das Mehl einrühren und 1 Minute mit anschwitzen, dann nach und nach unter Rühren die Brühe zugeben. Alles aufkochen und zugedeckt bei geringer Hitze 20 Minuten köcheln lassen.

2. Inzwischen für die Scones den Backofen auf 220 °C (Umluft 200 °C) vorheizen. Die Kartoffeln in Salzwasser in ca. 15 Minuten weich kochen, abgießen und ausdämpfen lassen. Dann mit dem Kartoffelstampfer zerdrücken und abkühlen lassen.

3. Mehl, Backpulver und eine große Prise Salz in die Küchenmaschine sieben. Die Butter zugeben und alles krümelig mixen. Das Kartoffelpüree kurz untermischen, alles in eine Schüssel geben und die Milch unterkneten. Den weichen Teig auf der bemehlten Arbeitsfläche durchkneten, 2 cm dick ausrollen und insgesamt sechs Kreise (Ø 6 cm) ausstechen. Die Scones auf einem bemehlten Backblech im Ofen in ca. 10 Minuten goldbraun backen.

4. Die Suppe etwas abkühlen lassen, portionsweise im Mixer pürieren und durch ein Sieb gießen. 500 ml abnehmen, im Mixer mit dem Käse pürieren, mit der Sahne zur übrigen Suppe geben und mit Salz und Pfeffer würzen. Die Suppe noch einmal erhitzen, dann auf vorgewärmte tiefe Teller verteilen, mit Schnittlauch bestreuen und mit den Scones servieren.

Natürlich können Sie für dieses Rezept auch gekauften Ricotta verwenden. Aber wenn Sie sich die Mühe machen und Ihren eigenen herstellen (siehe S. 16), werden Sie den Unterschied schmecken.

Mangold-Ricotta-Cannelloni mit Zitrone

FÜR 6 PERSONEN

FÜR DIE TOMATENSAUCE:
1 kleine Zwiebel, geschält
1 kleine Möhre, geschält
1 Selleriestange, geputzt
1½ EL Olivenöl
Salz
600 g stückige Tomaten (Dose)
3 frische Lorbeerblätter
1 TL flüssiger Honig
Schwarzer Pfeffer

FÜR DIE FÜLLUNG:
25 g Butter
1 kg Mangold, die Blätter (ohne Stängel) fein geschnitten
2 Knoblauchzehen, geschält
250 g Ricotta, gut abgetropft
Abrieb von 1 Bio-Zitrone
50 g Parmesan, gerieben
Salz, schwarzer Pfeffer
12 Lasagneblätter (ca. 300 g)
1 EL Olivenöl

FÜR DIE KÄSESAUCE:
600 ml Vollmilch
65 g Butter
50 g Weizenmehl
3 EL Crème double
150 g Reibekäse
1 Eigelb
Salz, schwarzer Pfeffer

1. Für die Tomatensauce Zwiebel, Möhre und Sellerie sehr fein hacken. Das Öl in einem weiten Topf erhitzen, das Gemüse mit ¼ Teelöffel Salz zugeben und zugedeckt bei geringer Hitze 10 Minuten dünsten (nicht braun werden lassen). Tomaten, Lorbeer, Honig und 100 ml Wasser zugeben, alles aufkochen und 1 Stunde unter häufigem Rühren einkochen lassen. Lorbeer entfernen, die Sauce mit Salz und Pfeffer abschmecken.

2. Für die Füllung etwas Butter in einem Topf zerlassen und Mangold zufügen. Zugedeckt zusammenfallen lassen und 2–3 Minuten braten. In ein Sieb geben und die Flüssigkeit ausdrücken. Die übrige Butter zerlassen, den Knoblauch pressen und zufügen, den Mangold untermischen. In einer Schüssel abkühlen lassen und mit Ricotta, Zitronenabrieb und Parmesan vermengen. Mit Salz und Pfeffer würzen.

3. Die Tomatensauce in eine große eckige Auflaufform füllen. Die Lasagneblätter in kochendem Salzwasser mit dem Öl in ca. 12 Minuten al dente kochen, abgießen und nebeneinander auf Frischhaltefolie ausbreiten. Auf die schmale Seite jedes Blattes etwas von der Mangoldfüllung geben, aufrollen und die Cannelloni nebeneinander auf die Tomatensauce setzen.

4. Den Backofen auf 190 °C (Umluft 170 °C) vorheizen. Für die Käsesauce die Milch aufkochen. Die Butter zerlassen, das Mehl einrühren, 1 Minute anschwitzen, dann die Milch zufügen und unter Rühren 10 Minuten köcheln lassen. Vom Herd nehmen. Crème double, die Hälfte des Käses und das Eigelb untermischen, salzen und pfeffern.

5. Die Cannelloni mit der Käsesauce bedecken und mit dem übrigen Käse bestreuen. Im Ofen in 30–35 Minuten goldbraun überbacken.

Soufflés können einschüchternd sein, weil man nie weiß, ob sie nicht sofort zusammenfallen. Dieses Problem stellt sich hier zum Glück nicht!

Zur Abwechslung ...
probieren Sie diese Soufflés doch einmal mit einem Tomatensalat mit frischen Kräutern, Olivenöl, Salz und Pfeffer. Schmeckt schön sommerlich!

Überbackene Ziegenkäsesoufflés mit Radieschen-Brunnenkresse-Salat

FÜR 6 PERSONEN

300 ml Vollmilch

1 Schalotte, in Ringen

2 Lorbeerblätter

6 schwarze Pfefferkörner

45 g Butter, plus Butter für die Formen

65 g Parmesan, gerieben

40 g Weizenmehl

¼ TL Cayennepfeffer

3 Eier (Größe M), getrennt

100 g Ziegenweichkäse, entrindet und zerbröselt

Salz, schwarzer Pfeffer

200 g Crème double

FÜR DEN SALAT:

½ TL Dijonsenf

1½ TL Rotweinessig

1½ EL Olivenöl extra vergine

Salz, schwarzer Pfeffer

150 g gemischte Salatblätter (z.B. Brunnenkresse, Babyspinat, Feldsalat)

1 großes Bund Radieschen, geputzt und in Scheiben

1. Milch, Schalotte, Lorbeer und Pfefferkörner aufkochen, 20–30 Minuten ziehen lassen und durch ein feines Sieb gießen. Schalotte und Gewürze entsorgen.

2. Inzwischen sechs Souffléförmchen (120 ml) buttern und mit 20 g Parmesan ausstreuen.

3. Den Backofen auf 180 °C (Umluft 160 °C) vorheizen. Die Butter zerlassen, das Mehl zugeben und 1 Minute bei geringer Hitze anschwitzen. Nach und nach die Milch zufügen und unter Rühren aufkochen. Die Mischung wird dabei sehr dick. Cayennepfeffer, Eigelbe, Ziegenkäse, ½ Teelöffel Salz und etwas Pfeffer einrühren und alles in einer großen Schüssel abkühlen lassen.

4. Die Eiweiße in einer zweiten Schüssel steif schlagen und vorsichtig unter die Käsecreme heben. Die Förmchen mit der Mischung füllen, in eine große Auflaufform setzen und so viel Wasser angießen, dass sie zur Hälfte im Wasser stehen. Die Soufflés im Ofen 16–18 Minuten backen, bis sie schön aufgegangen sind. Die Förmchen herausnehmen und die Soufflés zusammenfallen und abkühlen lassen.

5. Vor dem Servieren den Ofen auf 220 °C (Umluft 200 °C) vorheizen. Die Soufflés in eine gebutterte Auflaufform stürzen. Die Crème double mit Salz und Pfeffer würzen, darübergießen und alles mit dem übrigen Parmesan bestreuen. Die Soufflés ca. 12 Minuten überbacken, bis sie erneut aufgegangen sind.

6. Für den Salat Senf und Essig verquirlen. Nach und nach das Öl unterschlagen und das Dressing salzen und pfeffern. Salat und Radieschen mit dem Dressing mischen und zu den Soufflés servieren.

AUS DER MOLKEREI

Das Besondere an dieser Tarte ist der Teig: Cheddar macht ihn schön herzhaft, Hafer sorgt für Biss und nussigen Geschmack. Unser Lieblingskäse für die Füllung ist Dorset Blue Vinny.

Lauch-Hafer-Tarte mit Blauschimmelkäse

FÜR 6–8 PERSONEN

FÜR DEN TEIG:

175 g Weizenmehl

65 g grobes Hafermehl (ersatzweise feine Haferflocken)

1 Prise Salz

50 g kalte Butter, in Stücken

50 g kaltes Schmalz, in Stücken

75 g Käse (z. B. Cheddar), fein gerieben

FÜR DIE FÜLLUNG:

65 g Butter

400 g Lauch, geputzt und in Ringen

Salz, schwarzer Pfeffer

300 ml Sahne

3 Eier (Größe L)

150 g Blauschimmelkäse, entrindet und zerbröselt

1 EL Thymianblättchen, gehackt

1. Für den Teig Mehl, Hafer, Salz, Butter und Schmalz in der Küchenmaschine krümelig mixen. Den Käse untermengen, dann 2 Esslöffel eiskaltes Wasser zugeben und weitermixen, bis der Teig zusammenhält.

2. Den Teig dünn ausrollen und eine Tarteform (Ø 25 cm) damit auslegen. Den Teig mit einer Gabel mehrfach einstechen und 20 Minuten kühl stellen. Den Backofen auf 200 °C (Umluft 180 °C) vorheizen.

3. Ein Stück Backpapier auf den Teigboden legen, getrocknete Hülsenfrüchte daraufgeben und den Boden 15–20 Minuten blindbacken, bis die Ränder gebräunt sind. Papier und Hülsenfrüchte entfernen, die Form erneut in den Ofen stellen und den Teig in 7–8 Minuten goldbraun backen. Die Form herausnehmen und den Ofen auf 190 °C (Umluft 170 °C) herunterschalten.

4. Für die Füllung die Butter in einem Topf zerlassen, den Lauch zugeben und mit Salz und Pfeffer würzen. Den Lauch zugedeckt bei geringer Hitze ein paar Minuten anschwitzen, dann 3–5 Minuten ohne Deckel weich werden und die Flüssigkeit verdampfen lassen. Den Lauch etwas abkühlen lassen.

5. Sahne und Eier verrühren und mit Salz und Pfeffer würzen. Lauch, Blauschimmelkäse und Thymian untermischen und die Füllung auf den Teigboden geben. Die Tarte ca. 30 Minuten im Ofen backen, bis sie gestockt und goldbraun ist. Vor dem Servieren etwas abkühlen lassen.

Unser Hof liegt direkt am See, was nicht nur wegen der malerischen Aussicht toll ist: Der Blagdon Lake wimmelt außerdem von Forellen. Kein Wunder, dass dieser Fisch bei uns häufig auf den Tisch kommt!

Forellenfrikadellen mit Zitronenbuttersauce

FÜR 4 PERSONEN

3 Forellen à 300 g

50 g Butter, zerlassen, plus Butter für das Blech

Salz, schwarzer Pfeffer

4 Frühlingszwiebeln, geputzt und in Ringen

450 g mehligkochende Kartoffeln, geschält, grob gewürfelt und gar gekocht

10 g krause Petersilie, fein gehackt

Weizenmehl zum Formen und Bestäuben

2 EL Sonnenblumenöl

FÜR DIE ZITRONENBUTTERSAUCE:

2 EL trockener Weißwein

1 EL Zitronensaft

1 kleine Schalotte, geschält und fein gehackt

1 EL Crème double

75 g kalte Butter, in Stücken

1 EL Schnittlauch, in Röllchen

Salz, schwarzer Pfeffer

1. Den Backofen auf 200 °C (Umluft 180 °C) vorheizen. Die Forellen waschen, trocken tupfen, mit der Hälfte der Butter bepinseln, salzen und pfeffern. Die Fische auf ein gefettetes Blech legen und 12–15 Minuten backen. Abkühlen lassen, die Haut abziehen, die Filets von den Gräten lösen und etwas zerpflücken.

2. Die Frühlingszwiebeln in der übrigen flüssigen Butter 1 Minute bei geringer Hitze anschwitzen. Die Kartoffeln in einer Schüssel mit dem Kartoffelstampfer zerdrücken, dann Frühlingszwiebeln, zerpflückte Forellenfilets und Petersilie unterrühren. Die Masse mit Salz und Pfeffer würzen und daraus mit bemehlten Händen vier flache, ca. 5 cm dicke Frikadellen formen. Diese für mindestens 1 Stunde abgedeckt kalt stellen.

3. Das Öl in einer großen Pfanne erhitzen und den Backofen auf 200 °C (180 °C) vorheizen. Die Fischfrikadellen mit etwas Mehl bestäuben und erst in der Pfanne bei mittlerer Hitze in 3–4 Minuten pro Seite goldbraun braten, dann auf einem gefetteten Blech in 12–15 Minuten im Ofen fertig backen.

4. Inzwischen für die Sauce Wein, Zitronensaft, Schalotte und 3 Esslöffel Wasser in einem kleinen Topf aufkochen und auf die Hälfte reduzieren. Durch ein feines Sieb gießen und weiter auf 1 Esslöffel einkochen. Die Crème double zugeben und kurz mitköcheln. Die Temperatur reduzieren und nach und nach die Butterstückchen unterschlagen, bis die Sauce eindickt. Den Schnittlauch unterrühren und die Sauce mit Salz und Pfeffer würzen. Die Fischfrikadellen auf vorgewärmten Tellern mit der Sauce und nach Belieben mit gedämpftem Brokkoli oder Spinat servieren.

Diesen wunderbar schlichten, aber sehr frischen Käsekuchen servieren wir am liebsten mit leckerem Obst der Saison oder Kompott – toll sind Rhabarber oder Stachelbeeren.

Orangen-Joghurt-Käsekuchen

FÜR 12 PERSONEN

2 große, saftige Bio-Navelorangen

900 g Joghurtkäse (siehe S. 14)

250 g feiner Zucker

3 EL Speisestärke

3 Eier (Größe L)

1 Eigelb (Größe L)

200 g Crème fraîche oder saure Sahne

FÜR DEN BODEN:

100 g Butter, plus Butter für die Form

200 g Vollkorn-Butterkekse oder englische Digestives, fein zerbröselt

1 EL brauner Zucker

FÜR DAS FROSTING:

150 g Crème fraîche oder saure Sahne

1 TL feiner Zucker

1 TL Zitronensaft

1. Den Backofen auf 180 °C (Umluft 160 °C) vorheizen. Den Boden einer Springform (Ø 24 cm) mit Backpapier auslegen.

2. Für den Boden die Butter zerlassen und Kekskrümel und Zucker unterrühren. Die Mischung gleichmäßig auf dem Boden der Form verteilen. Den Boden 10 Minuten backen, herausnehmen und abkühlen lassen. Die Ofentemperatur auf 240 °C (Umluft 215 °C) erhöhen und die Wände der Springform buttern.

3. Die Orangen fein abreiben und eine der Orangen auspressen. Den Joghurtkäse in einer Schüssel cremig schlagen, dann Zucker, Stärke, drei Viertel des Orangenabriebs und 1 Esslöffel Saft untermischen. Nacheinander die Eier und das Eigelb, zum Schluss die Crème fraîche oder saure Sahne einrühren.

4. Die Käsemischung auf den Boden gießen und den Kuchen 10 Minuten im Ofen backen. Die Temperatur auf 110 °C (Umluft 100 °C) reduzieren und den Kuchen weitere 35 Minuten backen, bis er am Rand fest, aber in der Mitte noch weich ist. Den Ofen ausschalten, die Tür etwas öffnen (falls nötig mit einem Kochlöffel offen halten) und den Kuchen darin ca. 1 Stunde abkühlen lassen.

5. Für das Frosting alle Zutaten verrühren und die Mischung auf dem Kuchen verteilen. Die Form locker mit Frischhaltefolie abdecken und den Kuchen 8 Stunden oder über Nacht kalt stellen. Vor dem Servieren aus der Form nehmen und mit der übrigen Orangenschale bestreuen.

Brandy-Creme mit Haferkrokant und Blaubeeren

Normalerweise gehören in dieses cremige Dessert aus Schottland Whisky und Himbeeren. Das ist die Somerset-Version.

FÜR 4 PERSONEN

15 g Butter
50 g Haferschrot oder -flocken
25 g Rohrohrzucker
225 g Crème double
2 EL flüssiger Honig
50 ml Apfel-Brandy oder Calvados
200 g Blaubeeren

1. Den Backofen auf 180 °C (Umluft 160 °C) vorheizen. Die Butter zerlassen, Haferschrot und Zucker zugeben und gut verrühren. Die Mischung dünn auf ein Backblech streichen und im Ofen in 12 Minuten goldbraun backen. Den Krokant abkühlen lassen und zerkrümeln.

2. Die Crème double aufschlagen. Den Honig und nach und nach den Brandy unterschlagen. Vorsichtig drei Viertel des Haferkrokants und die Hälfte der Blaubeeren unterheben.

3. In vier Dessertgläser oder -schälchen je einen großen Esslöffel von der Creme geben. Die Hälfte der übrigen Blaubeeren und des Haferkrokants darüberstreuen. Zwei weitere Schichten auf die gleiche Weise einfüllen und das Dessert servieren.

Pudding aus Milch und Honig

FÜR 6 PERSONEN

1 Vanilleschote
600 ml Vollmilch
300 ml Sahne
18 g Gelatineblätter
1 Glas Honig mit Bienenwabe
Eiskalte Sahne zum Servieren

1. Die Vanilleschote längs aufschlitzen, das Mark auskratzen und mit Schote, Milch und Sahne in einem Topf aufkochen. Die Mischung 10 Minuten ziehen lassen, dann die Vanilleschote entfernen.

2. Inzwischen die Gelatine in einer Schale mit kaltem Wasser 5 Minuten einweichen. Die Milchmischung erneut fast zum Kochen bringen und vom Herd nehmen. Die Gelatineblätter mit den Händen auspressen und unter Rühren in der heißen Milchmischung auflösen. 150 g Honig unterrühren.

3. Die Mischung durch ein Sieb gießen und auf 6 kalt ausgespülte Puddingförmchen (à 150 ml) verteilen. Den Pudding im Kühlschrank in mindestens 4 Stunden fest werden lassen.

4. Vor dem Servieren die Förmchen kurz in warmes Wasser tauchen und auf Dessertteller stürzen. Auf jeden Pudding ein Stückchen Bienenwabe setzen und die Sahne darübergießen.

Lassen Sie sich vom Mohn nicht abschrecken: Er sorgt dafür, dass dieser „Eiscreme-Kuchen" beim Essen schön knuspert. Ein ähnliches Rezept (siehe rechts) haben wir als Kinder gern gemacht.

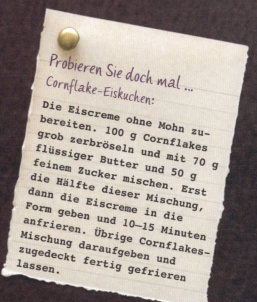

Probieren Sie doch mal ...
Cornflake-Eiskuchen:

Die Eiscreme ohne Mohn zubereiten. 100 g Cornflakes grob zerbröseln und mit 70 g flüssiger Butter und 50 g feinem Zucker mischen. Erst die Hälfte dieser Mischung, dann die Eiscreme in die Form geben und 10–15 Minuten anfrieren. Übrige Cornflakes-Mischung daraufgeben und zugedeckt fertig gefrieren lassen.

Mohn-Zitronen-Eiskuchen mit Johannisbeerkompott

FÜR 6 PERSONEN

4 Bio-Zitronen

1 Dose gezuckerte Kondensmilch (400 g)

150 g griechischer Joghurt

150 ml Sahne

50 g Mohn

FÜR DAS KOMPOTT:

400 g Schwarze Johannisbeeren

150 g feiner Zucker

1 EL Zitronensaft

1 TL Pfeilwurzelmehl (ersatzweise 1½ TL Speisestärke)

1. Eine Kastenform (450 ml Fassungsvermögen) mit Backpapier auslegen.

2. Die Schale von 2 Zitronen fein abreiben, alle 4 Früchte auspressen. In einer Schüssel die Kondensmilch nach und nach mit Zitronenabrieb und -saft verrühren. In die etwas eingedickte Mischung den Joghurt einrühren.

3. In einer zweiten Schüssel die Sahne steif schlagen und vorsichtig unter die Zitronenmischung heben. Zuletzt den Mohn untermischen. Alles in die Form gießen, mit Frischhaltefolie abdecken und 6–8 Stunden (am besten über Nacht) gefrieren lassen.

4. Inzwischen die Johannisbeeren mit Zucker und Zitronensaft in einem Topf bei geringer Temperatur erhitzen und 4 Minuten köcheln lassen, bis sich der Zucker gelöst hat und die Beeren zu platzen beginnen. Das Pfeilwurzelmehl mit 1 Esslöffel kaltem Wasser verquirlen, in die Beerenmischung einrühren und 1 Minute unter Rühren weiterkochen, bis das Kompott andickt. In einer Schüssel abkühlen lassen und bis zum Servieren in den Kühlschrank stellen.

5. Die Eisform kurz in warmes Wasser tauchen und den Eiskuchen stürzen. Einige Minuten weich werden lassen, dann das Backpapier entfernen. Das Eis in dicken Scheiben mit dem Johannisbeerkompott servieren.

Probieren Sie dieses Rezept unbedingt mal aus: Es schmeckt fantastisch! Dabei bleibt ein halbes Glas Lemon Curd übrig, und das passt zu Toast, Waffeln und Tartelettes mit Beeren.

Zitronen-Brotauflauf mit Rosinen

FÜR 6 PERSONEN
100 g Rosinen
Abrieb und 1 EL Saft von 1 kleinen Bio-Zitrone
1 kleines Kastenweißbrot
50 g zimmerwarme Butter
4 EL Lemon Curd (Zitronencreme)
250 ml Vollmilch
250 g Crème double, plus Crème double zum Servieren
3 Eier (Größe M)
25 g feiner Zucker
Puderzucker zum Bestäuben

1. Die Rosinen im Zitronensaft mindestens 1 Stunde (oder über Nacht) einweichen. Danach den Backofen auf 190 °C (Umluft 170 °C) vorheizen. Von dem Brot sieben ca. 5 mm dicke Scheiben abschneiden, aufeinanderstapeln und die Rinde abschneiden. Die Brotscheiben mit Butter und Lemon Curd bestreichen, dann diagonal in je vier Dreiecke schneiden.

2. Eine flache Auflaufform (1,5 l Fassungsvermögen) mit der Hälfte des Brots auslegen (Butterseite oben). Die Hälfte der Rosinen darüberstreuen. Übriges Brot und übrige Rosinen ebenso einschichten.

3. Milch, Crème double, Eier, Zucker und Zitronenabrieb verrühren und über den Auflauf gießen. Alles 5 Minuten durchweichen lassen, dabei gelegentlich die oberste Brotschicht in die Flüssigkeit drücken.

4. Die Form in ein tiefes Blech oder einen Bräter stellen und so viel Wasser angießen, dass sie zur Hälfte davon bedeckt ist. Den Auflauf in 30 Minuten im Ofen goldbraun backen. Die Form herausnehmen, den Auflauf einige Minuten abkühlen lassen, mit Puderzucker bestäuben und nach Belieben mit Crème double servieren.

Probieren Sie doch mal ...

Orangen-Brotauflauf:
Bestreichen Sie das Brot mit Orangenmarmelade statt mit Lemon Curd und rühren Sie die Eiermilch mit abgeriebener Orangen- statt Zitronenschale an.
Für einen Blaubeer-Brotauflauf dem Hauptrezept folgen, aber die Rosinen durch 150 g frische Blaubeeren ersetzen.

Als wir klein waren, kam jede Woche ein Bäckerwagen ins Dorf gefahren. Meine Mutter war nicht ganz so begeistert, wenn wir uns dort Puddingtörtchen kauften – aber wenn sie nicht hinsah, haben wir's trotzdem getan.

Muskat-Puddingtarte

FÜR 8–10 PERSONEN

FÜR DEN TEIG:

225 g Weizenmehl, plus Mehl zum Verarbeiten

1 Prise Salz

½ TL frisch geriebene Muskatnuss

65 g Puderzucker

125 g kalte Butter, in Stücken

1 Eigelb (Größe L)

FÜR DIE FÜLLUNG:

600 g Crème double

300 ml Vollmilch

1 große Vanilleschote, aufgeschlitzt

100 g feiner Zucker

3 Eier (Größe L)

3 Eigelb (Größe L)

1¼ TL frisch geriebene Muskatnuss

1. Für den Teig Mehl, Salz, Muskat und Puderzucker in die Küchenmaschine sieben. Die Butter zugeben und alles krümelig mixen. Das Eigelb mit 4 Teelöffeln kaltem Wasser verquirlen, zugeben und weitermixen, bis der Teig zusammenhält. Auf der leicht bemehlten Arbeitsfläche kurz durchkneten, bis er sich glatt anfühlt. Den Teig in Frischhaltefolie gewickelt 15 Minuten kalt stellen, dann dünn ausrollen und eine Tarteform mit herausnehmbarem Boden (Ø 24 cm) damit auslegen. Erneut 20 Minuten kalt stellen.

2. Den Backofen auf 200 °C (Umluft 180 °C) vorheizen. Ein Stück Backpapier auf den Teigboden legen, getrocknete Hülsenfrüchte daraufgeben und den Boden auf mittlerer Schiene 15 Minuten blindbacken. Papier und Hülsenfrüchte entfernen und den Boden in weiteren 5–7 Minuten knusprig und goldbraun backen. Herausnehmen und etwas abkühlen lassen. Den Ofen auf 150 °C (Umluft 135 °C) herunterschalten.

3. Für die Füllung Crème double, Milch, Vanilleschote und Zucker in einem Topf erhitzen, bis erste Bläschen aufsteigen. Vom Herd nehmen und 10 Minuten ziehen lassen. Inzwischen Eier und Eigelbe in einer Schüssel verschlagen.

4. Die Vanilleschote entfernen und die warme Milch zu den Eiern gießen. 1 Teelöffel Muskat zugeben und alles verquirlen. Die Mischung durch ein feines Sieb gießen. Die Form auf einen Gitterrost in die Mitte des Ofens stellen, die Eiermilch hineingießen und den übrigen Muskat darüberstreuen. Die Tarte 45 Minuten backen, bis die Puddingmasse gestockt, in der Mitte aber noch weich ist. Herausnehmen und warm oder kalt servieren.

Dieses schöne Sommerdessert eignet sich wunderbar für Gäste. Alle Bestandteile können vorbereitet werden, sodass Sie kurz vor dem Servieren nur noch alles anrichten müssen. Sehr praktisch!

Schnee-Eier mit roten Sommerbeeren

FÜR 6 PERSONEN

FÜR DAS KARAMELL:

75 g feiner Zucker

1 EL Kirschwasser

FÜR DIE VANILLESAUCE:

400 ml Vollmilch

100 g Crème double

1 Vanilleschote, längs aufgeschlitzt, Mark ausgekratzt

6 Eigelb (Größe L)

50 g feiner Zucker

2 EL Kirschwasser

FÜR DIE BAISERMASSE:

2 Eiweiß (Größe L)

50 g feiner Zucker

AUSSERDEM:

450 g gemischte rote Beeren (Johannis- und Himbeeren sowie kleine Erdbeeren in Scheiben)

1. Für das Karamell den Zucker in einem kleinen Topf bei geringer Hitze in 2 Esslöffeln Wasser auflösen. Die Temperatur erhöhen und den Sirup kochen, bis er bernsteinfarben wird. Den Topf sofort in kaltes Wasser stellen. Vorsichtig Kirschwasser und 2 weitere Esslöffel Wasser unterrühren. Erneut bei geringer Hitze köcheln, bis sich das Karamell vollständig gelöst hat. Dann abkühlen lassen.

2. Für die Vanillesauce Milch, Crème double, Vanillemark und -schote in einem Topf aufkochen, vom Herd nehmen und 10 Minuten ziehen lassen. Die Vanilleschote entfernen. Eigelbe und Zucker in einer Schüssel schaumig schlagen. Die Milchmischung erneut aufkochen und nach und nach unter die Eimasse schlagen. Alles in den Topf zurückgeben und bei geringer Hitze unter Rühren aufkochen, bis die Creme eindickt. Durch ein Sieb in eine Schüssel füllen, das Kirschwasser unterrühren und abkühlen lassen. Abgedeckt mindestens 4 Stunden kalt stellen.

3. Kurz vor dem Servieren für die Baisermasse 500 ml Wasser in einer flachen Pfanne erhitzen, bis es gerade eben köchelt. Die Eiweiße schaumig schlagen, die Hälfte des Zuckers zugeben, weiterschlagen und dann erst den übrigen Zucker zufügen. Die Masse weiterschlagen, bis sie steif ist und glänzt. Mit einem Esslöffel drei Nocken abnehmen und in dem köchelnden Wasser 3 Minuten pochieren. Die Schnee-Eier mit einem Schaumlöffel auf ein mit einem Tuch ausgelegtes Backblech setzen. Die übrigen drei Schnee-Eier ebenso zubereiten.

4. Zum Servieren die Vanillesauce auf Schälchen verteilen und je ein Schnee-Ei daraufsetzen. Die Beeren darum herum verteilen und etwas von dem Karamellsirup darüberträufeln.

Dieser Kuchen ist der Hit in unseren Cafés. Wir verwenden dafür nach und nach die verschiedenen Früchte des Sommers. Dazu eine gute Tasse Tee – mehr braucht man nicht, um glücklich zu sein!

Zitronen-Joghurt-Kuchen mit Himbeeren

FÜR 1 KUCHEN (CA. 1 KG)

250 g Weizenmehl
2 TL Backpulver
1 Prise Salz
115 g zimmerwarme Butter
225 g feiner Zucker
Abrieb und Saft von 1 großen Bio-Zitrone
2 Eier (Größe L)
100 g Vollmilch-Naturjoghurt
25 g gemahlene Mandeln
200 g frische Himbeeren
100 g Kristallzucker, plus Zucker zum Bestreuen

1. Den Backofen auf 180 °C (Umluft 160 °C) vorheizen. Eine Kastenform (900 ml Fassungsvermögen) mit Backpapier auskleiden.

2. Mehl, Backpulver und Salz in eine Schüssel sieben. Butter und Zucker in einer anderen großen Schüssel 5 Minuten schaumig schlagen, dann den Zitronenabrieb zugeben. Die Eier nacheinander unterschlagen, mit dem zweiten Ei einen Esslöffel Mehlmischung zufügen. Dann abwechselnd esslöffelweise Mehl und Joghurt in den Teig rühren. Zum Schluss die Mandeln unterheben.

3. Ein Drittel des Teigs in die Form füllen und mit einem Drittel der Himbeeren bestreuen. Ebenso zwei weitere Schichten Teig und Himbeeren einfüllen. Den Kuchen im Ofen in 45–50 Minuten goldbraun backen, dann mit Alufolie abdecken und weitere 20–25 Minuten backen, bis an einem hineingesteckten Holzstäbchen kein Teig mehr haften bleibt.

4. Den Kuchen herausnehmen und 5 Minuten abkühlen lassen. Zucker und Zitronensaft verrühren und über den noch warmen Kuchen löffeln. Den Kuchen vorsichtig aus der Form stürzen und auf einem Kuchengitter vollständig auskühlen lassen.

5. Das Backpapier entfernen und den Kuchen mit etwas Zucker bestreuen. In dicken Scheiben servieren.

Probieren Sie doch mal …

frische Brombeeren oder Blaubeeren statt der Himbeeren in diesem Kuchen.

Aus der Hofküche

Wer backt, ist großzügig – finden wir. Denn die meisten backen vermutlich nicht für sich allein, sondern für andere. Auch wenn wir uns schon beim Duft aus dem Ofen auf den fertigen Kuchen freuen: Eigentlich geht es beim Backen um die Liebe und darum, anderen eine Freude zu machen. Das mag kitschig klingen, ist aber nichtsdestotrotz wahr.

Übrigens: Auch ohne wissenschaftliche Studien sind wir uns ganz sicher, dass Backtalent und Beliebtheit zusammenhängen.

Wenn man Kinder in der Küche miteinbeziehen möchte, gibt es nichts Besseres als Backen. Was könnte schöner sein, als am Wochenende den Vorratsschrank zu plündern und im Teig zu rühren? Und wenn das Werk im Ofen backt, geht die Spannung erst richtig los: Ist der Kuchen auch wirklich gelungen? Mit den folgenden Rezepten klappt's bestimmt!

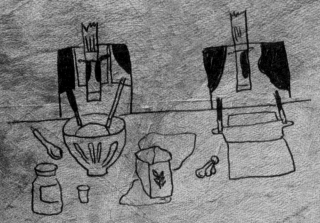

Choc-Chip-Cookies

1. 225 g Weizenmehl, ½ TL Backpulver und ½ TL Salz in eine Schüssel sieben. 60 g Kakaopulver und 100 g flüssige Butter in einer zweiten Schüssel glatt rühren. Erst 450 g feinen Zucker, 1 TL Vanilleextrakt und 160 ml Buttermilch, dann löffelweise das Mehl und 150 g grob gehackte Bitterschokolade untermischen.

2. Mit einem Teelöffel Teighäufchen auf ein Blech mit Backpapier setzen (Abstand halten!). Die Cookies im vorgeheizten Ofen (180 °C, Umluft 160 °C) 7–9 Min. backen, 2–3 Min. abkühlen und dann auf einem Kuchengitter vollständig auskühlen lassen.

Apfel-Himbeer-Granola

FÜR CA. 10 PORTIONEN

125 g kernige Haferflocken

125 g zarte Haferflocken

Je 35 g gehäutete Mandeln, Hasel- und Walnusskerne

2 EL Sesamsamen

25 g Sonnenblumenkerne

25 g Kürbiskerne

50 ml neutrales Öl

50 g flüssiger Honig

50 g brauner Zucker

2 EL Tahin (Sesampaste)

25 g Kokosraspel

50 g Trockenäpfel oder -birnen, in Stückchen

Je 25 g getrocknete Cranberrys, Blaubeeren und Kirschen

15 g gefriergetrocknete Himbeeren

1. Den Backofen auf 170 °C (Umluft 155 °C) vorheizen. Haferflocken, Nüsse, Samen und Kerne mischen. Öl, Honig, Zucker und Tahin in einem kleinen Topf erhitzen, bis die Mischung dünnflüssig wird. Diese gründlich unter die Haferflockenmischung rühren. Alles kurz mit den Händen durchkneten, bis sich kleine Klumpen bilden.

2. Die Mischung gleichmäßig auf einem Blech mit Backpapier verteilen und im Ofen 20 Minuten backen. Nach 10 Minuten zum ersten Mal und nach weiteren 5 Minuten erneut vorsichtig wenden, ohne dass die Klümpchen zerbröseln. Granola mit Kokosraspeln bestreuen und in weiteren 5 Minuten goldbraun backen. Herausnehmen und abkühlen lassen. Alle Trockenfrüchte miteinander vermengen.

3. Granola und Trockenfrüchte separat in luftdichten Behältern aufbewahren (beides hält sich ca. einen Monat). Vor dem Servieren mischen und Naturjoghurt und/oder Kompott dazu reichen.

Apfel-Honig-Müsli mit Früchten und Nüssen

FÜR 6 PERSONEN

225 g zarte Haferflocken

200 ml Apfelsaft

225 g Vollmilch-Naturjoghurt

50 g flüssiger Honig

Abrieb von 1 kleinen Bio-Zitrone

2 Äpfel, ohne Kerngehäuse grob gerieben

DAZU NACH BELIEBEN:

225 g Apfelstückchen & 50 g geröstete Walnussstückchen

225 g Blaubeeren & 50 g geröstete Haselnussstückchen

225 g Himbeeren & 50 g geröstete Pekannussstückchen

225 g Birnenstücke & 50 g geröstete Mandelstückchen

1. Die Haferflocken in einer Schüssel mit 200 ml kaltem Wasser und dem Apfelsaft mischen. Abgedeckt über Nacht kalt stellen.

2. Am nächsten Morgen Joghurt, Honig, Zitronenabrieb und geriebenen Apfel unter die Haferflocken mischen. Das Müsli auf Schälchen verteilen und mit Früchten und Nüssen nach Belieben bestreuen.

Unsere Kinder lieben es, diese Pfannkuchen zu machen! Kein Wunder, denn es geht so einfach. Wenn Sie mögen, können Sie sie in der Pfanne mit frischem Obst bestreuen: Himbeeren, Erdbeerstückchen oder Bananenscheiben schmecken großartig darauf.

Pancakes mit Honig-Vanille-Butter

FÜR 4 PERSONEN
100 g Weizenmehl
1½ TL Backpulver
25 g feiner Zucker
1 Prise Salz
2 Eier (Größe L), getrennt
175 ml Buttermilch
40 ml Vollmilch
45 g Butter, zerlassen und abgekühlt

FÜR DIE HONIG-VANILLE-BUTTER:
100 g zimmerwarme Butter
3 EL flüssiger Honig
Mark von 1 Vanilleschote

1. Alle Zutaten für die Butter schaumig schlagen, bis die Masse hell und cremig ist. Die Honig-Vanille-Butter im Kühlschrank 1 Stunde etwas fester werden lassen.

2. Für die Pfannkuchen Mehl, Backpulver, Zucker und Salz in eine Schüssel sieben. Eine Mulde hineindrücken und Eigelbe, Buttermilch, Milch und 15 g zerlassene Butter hineingeben. Alles zu einem glatten Teig verrühren. Die Eiweiße in einer zweiten Schüssel steif schlagen und vorsichtig unter den Teig heben.

3. Eine große beschichtete Pfanne bei mittlerer Temperatur erhitzen und mit etwas zerlassener Butter einpinseln. Je 3–4 kleine Pfannkuchen hineinsetzen und 2 Minuten backen, bis sie unten goldbraun sind und kleine Bläschen an der Oberfläche werfen. Die Pfannkuchen wenden und 1 Minute weiterbacken. Sofort servieren oder bei ca. 100 °C im Ofen, mit einem Tuch bedeckt, warm halten. Heiß mit der Honig-Vanille-Butter genießen.

Probieren Sie doch mal ...

Ricotta-Pfannkuchen: Die Hälfte der Buttermilch durch 175 g Ricotta ersetzen. Die Pfannkuchen mit frischen oder in der Pfanne gebratenen Bananenscheiben und der Vanille-Honig-Butter servieren.

Speckpfannkuchen mit Ahornsirup: Klingt seltsam? In den Niederlanden ist diese köstliche Kombination aus salzig und süß sehr beliebt. Unbedingt probieren!

AUS DER HOFKÜCHE

Farls sind herzhafte Fladenbrotecken, die in Nordirland zum üppigen Frühstück mit Ei und Speck gehören. Sie können sie aber natürlich auch mittags oder abends servieren!

Cheddar Farls mit Spiegelei und knusprigem Speck

FÜR 4 PERSONEN

FÜR DIE FARLS:

450 g Weizenmehl, plus Mehl zum Verarbeiten

1 Pck. Backpulver

1 TL Natron

1 TL Salz

1 TL englisches Senfpulver (ersatzweise fein gemörserte Senfkörner)

2 TL gelbe Senfkörner, grob gemörsert

150 g Käse (z. B. Cheddar), gerieben

280 ml Buttermilch

90 ml Vollmilch

ZUM SERVIEREN:

4 Rispen Kirschtomaten

Etwas Olivenöl

Salz, schwarzer Pfeffer

12 dicke Scheiben Frühstücksspeck (Bacon)

4 Eier (Größe L)

Sonnenblumenöl zum Braten

Butter zum Bestreichen

1. Den Backofen auf 220 °C (Umluft 200 °C) vorheizen. Mehl, Backpulver, Natron, Salz und Senfpulver in eine Schüssel sieben. Senfkörner und Käse untermischen. Buttermilch und Milch zugießen und alles zu einem weichen, klebrigen Teig verarbeiten.

2. Den Teig auf der bemehlten Arbeitsplatte zügig rund wirken (Ø 22 cm), auf ein leicht bemehltes Backblech legen und in acht Tortenstücke schneiden. Die Stücke auseinanderziehen, leicht mit Mehl bestäuben und in 20 Minuten goldbraun backen.

3. Inzwischen die Kirschtomaten in eine kleine ofenfeste Form setzen, mit Olivenöl beträufeln und mit Salz und Pfeffer würzen. Nach 10 Minuten Backzeit zu den Farls in den Ofen geben und 10 Minuten mitbacken.

4. Inzwischen eine (Grill-)Pfanne bei hoher Temperatur erhitzen, bis sie raucht. Auf mittlere Hitze reduzieren und den Speck darin knusprig braten. Gleichzeitig die Spiegeleier in einer zweiten Pfanne in Sonnenblumenöl nach Belieben braten. (Wir mögen knusprige Ränder und noch flüssiges Eigelb.) Mit Salz und Pfeffer würzen.

5. Die fertigen Farls aus dem Ofen nehmen, in jedes Stück von der Spitze aus eine Tasche schneiden, mit Butter bestreichen und mit Speck und Eiern füllen. Die Tomaten dazu servieren.

Probieren Sie doch mal ...

Frühlingszwiebel-Joghurt-Farls: 8–10 Frühlingszwiebeln in Ringen zum Mehl geben, die Buttermilch durch 140 g Vollmilch-Naturjoghurt und 140 ml Milch ersetzen.

Hier kommt ein echter Geheimtipp: Wenn Sie richtig schön fluffige Scones backen möchten, hilft Joghurt. Diese kleinen Köstlichkeiten sind in unserem Café jedenfalls sehr beliebt.

Joghurt-Kirsch-Scones mit weißer Schokolade

ERGIBT 12 SCONES

450 g Weizenmehl, plus Mehl zum Verarbeiten

1 große Prise Salz

6 TL Backpulver

100 g kalte Butter, in Stücken, plus Butter für das Blech

50 g feiner Zucker

150 g getrocknete Sauerkirschen, halbiert

150 g weiße Schokolade, grob gehackt

2 Eier (Größe M)

100 g Vollmilch-Naturjoghurt

Ca. 200 ml Vollmilch

Zucker zum Bestreuen

1. Den Backofen auf 220 °C (Umluft 200 °C) vorheizen. Mehl, Salz und Backpulver in die Küchenmaschine sieben. Die Butter zugeben und alles krümelig mixen. Die Mischung in eine Schüssel umfüllen und mit Zucker, Kirschen und Schokolade vermengen.

2. Eier und Joghurt in einen Messbecher geben und mit der Milch auf 400 ml auffüllen. Eine Mulde in die Mehlmischung drücken, die Eiermilch (bis auf 2 Esslöffel) hineingeben und alles schnell zu einem sehr weichen, klebrigen Teig vermischen.

3. Den Teig auf der bemehlten Arbeitsfläche kurz glatt kneten. Mit den Händen 3 cm dick ausbreiten und mit einer bemehlten Ausstechform oder einem Glas (Ø 7 cm) so viele Scones wie möglich ausstechen. Die Teigreste erneut verkneten und insgesamt zwölf Scones ausstechen.

4. Die Scones mit genügend Abstand auf ein gefettetes Backblech legen, mit der übrigen Milchmischung bestreichen und mit etwas Zucker bestreuen. In 12–15 Minuten goldbraun backen.

5. Die Scones auf einem Kuchengitter auskühlen lassen und möglichst frisch mit Butter und Konfitüre servieren.

Probieren Sie doch mal ...

Cranberry-Orangen-Scones: Ersetzen Sie Schokolade und Kirschen durch 150 g getrocknete Cranberrys und 100 g Orangeat und verrühren Sie den Abrieb von 1 Bio-Orange mit der Eiermilch.

Dieser wunderbare Kuchen verdankt seine Saftigkeit der Zeitung von gestern! Wenn Sie nämlich eine dicke isolierende Schicht außen um die Form binden, wird der Teig am Rand nicht so schnell trocken.

Apfelkuchen mit Cider

ERGIBT 1 KUCHEN (Ø 24 CM)

175 g zimmerwarme Butter, plus Butter für die Form

215 g Weizenmehl

15 g Speisestärke

1½ TL Backpulver

½ TL Salz

¼ TL gemahlener Zimt

¼ TL gemahlene Nelken

¼ TL Ingwerpulver

¼ TL frisch geriebene Muskatnuss

300 g feiner Zucker, plus etwas Zucker zum Bestreuen

2 Eier (Größe M)

3 EL trockener Cider (z. B. Scrumpy aus Somerset) oder französischer Cidre

450 g Äpfel, geschält, entkernt, in 1 cm großen Stücken

75 g Rosinen

100 g Walnusskerne, geröstet und grob gehackt

1. Den Backofen auf 180 °C (Umluft 160 °C) vorheizen. Eine Springform (Ø 24 cm) buttern und den Boden mit Backpapier belegen. Ein paar Zeitungsseiten zu einem dicken Streifen falten und mit Bindfaden um den Rand der Form binden.

2. Mehl, Stärke, Backpulver, Salz und Gewürze in einer Schüssel mischen, Zucker und Butter zugeben und alles mit dem Knethaken 1 Minute mischen.

3. Die Eier zufügen und kurz unterrühren, dann den Teig auf höchster Stufe 1 Minute verrühren. Zum Schluss den Cider oder Cidre untermischen.

4. Apfelstückchen, Rosinen und Walnüsse unterheben. Den sehr zähen Teig in die Form geben und glatt streichen.

5. Den Kuchen ca. 1 Stunde 15 Minuten backen, bis an einem hineingesteckten Holzstäbchen kein Teig mehr haften bleibt. (Sobald die Oberfläche bräunt, die Form mit Alufolie abdecken.) Herausnehmen und auf einem Kuchengitter auskühlen lassen. Aus der Form lösen und mit Zucker bestreuen.

Probieren Sie doch mal ...

Birnen-Dattel-Kuchen mit Pekannüssen: Äpfel durch feste, reife Birnen, Walnüsse durch Pekannüsse und Rosinen durch gehackte Datteln ersetzen. Brauner Zucker statt des weißen schmeckt in diesem Rezept auch sehr gut!

Als Kinder haben wir diesen Kuchen während der Erntezeit immer auf die Felder gebracht. Ich kann mich noch genau erinnern, wie die Helfer, auf Heuballen sitzend, genüsslich hineingebissen haben!

Ländlicher Früchtekuchen

ERGIBT 1 KUCHEN (Ø 24 CM)

550 g gemischte Trockenfrüchte (z. B. Rosinen, Cranberrys, Zitronat, Orangeat)

300 g zimmerwarme Butter, plus Butter für die Form

450 g Weizenmehl

1 Pck. Backpulver

1½ TL Lebkuchengewürz

1 große Prise Salz

300 g feiner Zucker

4 Eier (Größe M)

200 ml Vollmilch

2 EL brauner Zucker

1. Die Trockenfrüchte in einer Schüssel mit 120 ml heißem Wasser 1 Stunde quellen lassen. Dabei zwischendurch umrühren. Inzwischen eine Springform (Ø 24 cm) buttern und den Boden mit Backpapier belegen. Ein paar Zeitungsseiten zu einem dicken Streifen falten und mit Bindfaden um den Rand der Form binden.

2. Den Backofen auf 150 °C (Umluft 135 °C) vorheizen. Die Früchtemischung auf einem Tuch trocken tupfen, in eine Schüssel geben und mit 2 Esslöffeln Mehl vermischen. Das übrige Mehl mit Backpulver, Gewürz und Salz in eine zweite Schüssel sieben.

3. Butter und Zucker 5 Minuten hell und schaumig schlagen. Die Eier nach und nach unterrühren, mit den letzten beiden Eiern je 1 Esslöffel Mehl zugeben. Das übrige Mehl in zwei Portionen abwechselnd mit der Milch untermischen, sodass ein glatter Teig entsteht. Zum Schluss die Früchte unterheben.

4. Den Teig in die Form geben, die Oberfläche glatt streichen und mit dem braunen Zucker bestreuen. Den Kuchen auf mittlerer Schiene 1 Stunde 45 Minuten backen, bis an einem hineingesteckten Holzstäbchen kein Teig mehr haften bleibt und der Teig sich etwas vom Rand löst. Den Kuchen 5 Minuten in der Form abkühlen lassen, dann herausnehmen und auf einem Kuchengitter vollständig auskühlen lassen.

Sie haben noch nie einen Blondie probiert? Dann wird es höchste Zeit! Sie sind die blonden Schwestern der Brownies und enthalten weiße Schokolade. Diese hier schmecken lauwarm mit Eiscreme serviert besonders gut.

Wie wäre es mal mit Himbeer-Brownies?

250g Butter mit 250 g Schokolade (70 % Kakaoanteil) schmelzen. Eier, Zucker und Vanillezucker wie im Rezept unten mischen, dann Schokolade, Mehl, 50 g gemahlene Mandeln und 100 g Himbeeren einrühren. Den Teig in die Form geben, weitere 100 g Himbeeren daraufstreuen und 30–35 Min. backen.

Johannisbeer-Blondies

ERGIBT 16 STÜCK

250 g hochwertige weiße Schokolade

125 g Butter

4 Eier (Größe L)

350 g feiner Zucker

2 TL Vanilleextrakt

150 g Weizenmehl

½ TL Salz

150 g gemahlene Mandeln

200 g frische Rote Johannisbeeren, abgezupft

Puderzucker zum Bestäuben, nach Belieben

1. Eine eckige Backform (20 x 30 cm) mit Backpapier auslegen. Den Backofen auf 170 °C (Umluft 155 °C) vorheizen.

2. Weiße Schokolade und Butter in einer hitzefesten Schüssel über einem Topf mit siedendem Wasser schmelzen, dabei immer wieder rühren, bis die Mischung glatt ist. (Das Wasser nicht zu heiß werden lassen, sonst wird die Schokolade klumpig.) Die Mischung etwas abkühlen lassen.

3. Eier, Zucker und Vanilleextrakt 10 Minuten aufschlagen, bis die Masse dick und schaumig ist. Die Schokoladenbutter vorsichtig unterrühren. Mehl und Salz über den Teig sieben und unterheben. Zum Schluss die Mandeln und Johannisbeeren einrühren.

4. Den Teig in die Form geben und 35–40 Minuten backen, bis die Oberfläche glänzt und an einem hineingesteckten Holzstäbchen nur noch ein paar klebrige Krümel haften bleiben.

5. Die Blondies in der Form 10 Minuten abkühlen lassen, dann auf einem Kuchengitter vollständig auskühlen lassen. In 16 Stücke schneiden und jedes nach Belieben mit Puderzucker bestreuen.

Diese Art von Karamell erwartet man eigentlich in Schokoriegeln, nicht in einem selbst gemachten Kuchen. Dabei ist es ganz einfach herzustellen – und schäumt so schön bei der Natronzugabe!

Schokokuchen mit Knusperkaramell

ERGIBT CA. 24 STÜCKE

Öl für die Form

115 g Crème double

600 g hochwertige Bitterschokolade (70 % Kakaoanteil), in Stücken

165 g Butter

100 g getrocknete Kirschen, Blaubeeren oder Rosinen

75 g Löffelbiskuit (ca. 9 Stück), in 2,5 cm langen Stücken

Kakaopulver zum Bestäuben

FÜR DAS KNUSPERKARAMELL:

Öl für die Form

500 g feiner Zucker

125 g Glukosesirup (online oder in Geschäften für Backzubehör erhältlich)

100 g flüssiger Honig

1 EL Natron, in ein feines Sieb oder Teesieb gefüllt

1. Für das Knusperkaramell eine eckige Backform (20 x 30 cm) leicht einölen und so mit Backpapier auslegen, dass oben ca. 5 cm überstehen. Zucker, Glukosesirup, Honig und 90 ml Wasser in einem großen Topf bei niedriger Temperatur erhitzen und rühren, bis sich der Zucker gelöst hat. Aufkochen, ein Zuckerthermometer in den Topf hängen und den Sirup, ohne umzurühren, sprudelnd kochen lassen, bis 150 °C erreicht sind.

2. Den Sirup sofort vom Herd nehmen, das Natron darübersieben und mit dem Schneebesen unterschlagen. Die Mischung schäumt dabei stark. Sobald sie bis zum Topfrand hochgestiegen ist, in die Form gießen und in 30 Minuten hart werden lassen.

3. Eine quadratische Form (20 x 20 cm) einölen und mit Backpapier auslegen. Crème double, Schokolade und Butter in einen mittelgroßen Topf geben und bei geringer Hitze unter Rühren schmelzen.

4. 150 g Knusperkaramell in einen Gefrierbeutel füllen und mithilfe eines Nudelholzes zu rosinengroßen Krümeln zerdrücken. In einer Schüssel mit Früchten und Löffelbiskuits mischen und drei Viertel der geschmolzenen Schokoladenmasse einrühren. Die Mischung gleichmäßig in die Form füllen.

5. Die übrige Schokoladenmasse darübergießen und glatt streichen. Den Kuchen in ca. 3 Stunden im Kühlschrank fest werden lassen. Aus der Form nehmen, längs halbieren, quer in Streifen schneiden und mit Kakaopulver bestäuben. Vor dem Servieren ein bisschen weicher werden lassen.

Diese Schnitten passen perfekt zum eleganten Five-o'clock-Tea. Dabei gehen sie auf Rezepte zur Resteverwertung von Konfitüre zurück.

Brombeerschnitten mit Mandeln

ERGIBT 16 SCHNITTEN

FÜR DEN BODEN:

225 g zimmerwarme Butter

75 g Puderzucker, gesiebt

225 g Weizenmehl, plus Mehl zum Verarbeiten

50 g Speisestärke

1 Prise Salz

200 g Brombeerkonfitüre

FÜR DEN BELAG:

125 g zimmerwarme Butter

125 g Rohrohrzucker

Abrieb von 1 Bio-Zitrone

2 Eier (Größe L), verquirlt

25 g Weizenmehl

1 Msp. Backpulver

175 g gemahlene Mandeln

200 g Brombeeren

25 g Mandelblättchen

1 EL brauner Zucker, plus Zucker zum Bestreuen

1. Den Ofen auf 180 °C (Umluft 160 °C) vorheizen. Eine Backform (20 x 30 cm) mit Backpapier auslegen.

2. Für den Boden Butter und Puderzucker sehr schaumig schlagen. Mehl, Stärke und Salz darübersieben und untermischen. Den weichen Teig auf der bemehlten Arbeitsfläche etwas kleiner als die Form ausrollen, dann in die Form legen und mit den Fingern bis zum Rand drücken. Den Boden mit einer Gabel mehrmals einstechen und in 16 Minuten im Ofen hellgelb backen. Herausnehmen, abkühlen lassen und mit der Konfitüre bestreichen. Dabei rundum einen 1 cm breiten Rand frei lassen.

3. Für den Belag Butter und Rohrohrzucker schaumig schlagen. Erst den Zitronenabrieb, dann nacheinander die verquirlten Eier unterrühren. Zum Schluss Mehl, Backpulver und gemahlene Mandeln unterheben. Die Mischung esslöffelweise auf die Konfitüre geben und glatt streichen. Die Brombeeren auf den Kuchen streuen und die Hälfte der Früchte in die Streuselmasse hineindrücken.

4. Den Kuchen mit einem Esslöffel braunem Zucker bestreuen und im Ofen 10 Minuten backen. Die Mandelblättchen obenauf verteilen und den Kuchen in weiteren 30 Minuten goldbraun backen, bis an einem hineingesteckten Holzstäbchen kein Teig mehr haften bleibt. Den Kuchen herausnehmen, mit etwas Zucker bestreuen und in der Form abkühlen lassen. Längs halbieren und quer in 16 Streifen schneiden.

Gewürzkuchen gehört im Winter definitiv zu unseren Lieblingsnaschereien. Dieses einfache Rezept wird durch das cremige Karamell-Frosting unwiderstehlich.

Gewürzkuchen mit Karamell-Frosting

ERGIBT 1 KUCHEN (23 X 23 CM)

225 g Butter

225 g Rohrohrzucker

200 g Golden Syrup (im britischen Spezialitätenregal, ersatzweise Grafschafter Karamell)

1 EL dunkler Zuckerrübensirup

2 Eier (Größe L), verquirlt

300 ml Vollmilch

375 g Weizenmehl

1 große Prise Salz

2 TL Natron

2 TL Ingwerpulver

FÜR DAS FROSTING:

75 g Butter

180 g Crème double

75 g feiner Zucker

75 g brauner Zucker

1 Prise Salz

1. Den Backofen auf 150 °C (Umluft 135 °C) vorheizen. Eine quadratische Backform (23 x 23 cm) mit Backpapier auslegen.

2. Butter, Zucker und Sirupe in einem Topf unter Rühren bei geringer Hitze schmelzen. Etwas abkühlen lassen, dann Eier und Milch einrühren.

3. Mehl, Salz, Natron und Ingwer in eine Schüssel sieben. Eine Mulde hineindrücken, die Sirupmischung zufügen und alles zu einem glatten Teig verrühren.

4. Den Teig in die Form gießen und den Kuchen ca. 1 Stunde im Ofen backen, bis er gut aufgegangen ist. 10 Minuten in der Form abkühlen lassen, dann stürzen und auf einem Kuchengitter vollständig auskühlen lassen.

5. Für das Frosting alle Zutaten in einem mittelgroßen Topf bei mittlerer Temperatur schmelzen. Die Mischung aufkochen und 5 Minuten köcheln lassen, dabei immer wieder umrühren. Die Masse vom Herd nehmen und mit einem Holzlöffel schlagen, bis sie dick und zähflüssig wird. Das Frosting vollständig abkühlen lassen, dabei gelegentlich umrühren, damit sich keine Zuckerkruste bildet. Die abgekühlte Masse erneut aufschlagen, bis sie streichfähig ist.

6. Den Kuchen erst gleichmäßig mit dem Frosting bestreichen, dann mit dem Messerrücken wellenförmig verzieren. Das Frosting vor dem Anschneiden vollständig fest werden lassen.

ERGIBT 2 KLEINE LAIBE

400 g Weizenvollkornmehl

200 g Weizenmehl (Type 550), plus Mehl zum Verarbeiten

1 gehäufter TL Natron

1 TL Salz

Ca. 600 ml Buttermilch

Eigenes Brot zu backen gehört irgendwie dazu, wenn man auf einem Hof lebt. Keine Sorge, wenn der Teig sehr klebrig wirkt: Geben Sie kein zusätzliches Mehl dazu und kneten Sie nicht zu intensiv. Dann erhalten Sie ein wunderbar saftiges Brot.

Sodabread

1. Den Backofen auf 230 °C (Umluft 205 °C) vorheizen.

2. Mehlsorten, Natron und Salz in einer großen Schüssel mischen. Eine Mulde in die Mitte drücken und die Buttermilch bis auf einen kleinen Rest hineingießen. Alles zu einem weichen, klebrigen Teig mischen, dabei falls nötig noch etwas Buttermilch zugeben.

3. Den Teig auf der bemehlten Arbeitsfläche kurz kneten und zu einer Kugel formen. Diese halbieren, jede Hälfte noch einmal rasch durchkneten und erneut zu einer glatten Kugel formen. Den Teig nicht zu lange kneten, sonst wird das Brot zu schwer. Die beiden Laibe etwas flach drücken (ca. 4 cm dick). Mit reichlich Abstand auf ein bemehltes Blech legen und mit einem scharfen Messer kreuzweise 3 cm tief einschneiden.

4. Die Brote auf mittlerer Schiene 15 Minuten backen, dann den Ofen auf 200 °C (Umluft 180 °C) herunterschalten und die Brote weitere 10 Minuten backen. Dann sollten sie schön aufgegangen sein und eine goldbraune Kruste haben. Sobald es hohl klingt, wenn man auf ihre Unterseite klopft, sind sie fertig. Auf einem Kuchengitter auskühlen lassen und am gleichen Tag essen.

Probieren Sie doch mal ...

Käse-Hafer-Brot: 25 g Weizenvollkornmehl durch zarte Haferflocken ersetzen und 75 g grob geriebenen Käse (z. B. Cheddar) unter die trockenen Zutaten mischen. Die Laibe vor dem Einschneiden mit 50 g Reibekäse und ein paar Haferflocken bestreuen.

Rosmarin-Oliven-Brot: 2 EL gehackten Rosmarin und 100 g grob gehackte, entsteinte Oliven unter die trockenen Zutaten mischen.

Tomaten-Thymian-Brot: 100 g grob gehackte getrocknete Tomaten und 2 EL Thymianblättchen unter die trockenen Zutaten mischen.

Wir verwenden für dieses ungewöhnliche, aber sehr leckere Brot unseren hausgemachten Cider. Mit den Rosinen und Nüssen passt es perfekt zu Suppe oder Käse.

Walnussbrot mit Cider

ERGIBT 2 GROSSE LAIBE

175 g Rosinen

500 g Weizenmehl (Type 550), plus Mehl zum Verarbeiten und für das Blech

500 g Weizenvollkornmehl

2 Päckchen Trockenhefe

20 g Salz

2 EL flüssiger Honig

500 ml trockener Cider (ersatzweise Cidre)

Etwas Öl

200 g Walnusskerne, geröstet und grob gehackt

1. Die Rosinen mit 50 ml kochendem Wasser übergießen und über Nacht quellen lassen. Abgießen und mit Küchenpapier trocken tupfen.

2. Beide Mehlsorten, Hefe und Salz in einer Schüssel mischen. Honig, Cider und 200 ml Wasser in einem Topf erwärmen, zur Mehlmischung gießen und vermengen. Den Teig 10 Minuten kneten, bis er glatt und elastisch ist. In einer leicht geölten, mit Frischhaltefolie abgedeckten Schüssel 1–2 Stunden an einem warmen Ort gehen lassen, bis er sein Volumen verdoppelt hat.

3. Den Teig auf der bemehlten Arbeitsfläche oder in der Küchenmaschine erneut 2–3 Minuten kneten. Zum Schluss Rosinen und Walnüsse unterarbeiten. Den Teig halbieren, jedes Stück rund wirken und die Laibe auf ein bemehltes Backblech setzen. Erneut abgedeckt gehen lassen, bis sich das Volumen wieder verdoppelt hat.

4. Den Backofen auf die höchste Stufe vorheizen. 5 Minuten vor dem Backen einen kleinen Bräter mit kochendem Wasser auf den Ofenboden stellen.

5. Die Brote auf mittlerer Schiene 10 Minuten backen. Dann den Ofen auf 180 °C (Umluft 160 °C) herunterschalten und die Brote weitere 20 Minuten backen. Sie sind fertig, sobald sie schön gebräunt sind und es beim Klopfen auf die Unterseite hohl klingt. Auf einem Kuchengitter abkühlen lassen.

Probieren Sie doch mal ...

Schnelles Roggenbrot: Das Weizenvollkornmehl durch Roggenmehl ersetzen. 25 g Kümmelsamen statt Honig, Rosinen und Nüssen zum Teig geben und Wasser statt Cider verwenden.

Wir lieben Quitten! Roh sind sie zwar hart und sauer, aber gegart entpuppen sie sich als unglaublich süß und aromatisch. Außerdem gaben sie der Marmelade ihren Namen: „Marmelo" ist das portugiesische Wort für Quitte.

Quitten-Orangen-Marmelade

ERGIBT CA. 6 GLÄSER À 400 G

450 g Bio-Orangen

1,35 kg reife Quitten, geschält, ohne Kerngehäuse

1,35 kg Zucker

1. Mit einem Sparschäler die Schale der Orangen dünn abschälen. Jedes Stück längs in feine Streifen schneiden. Die Orangen auspressen.

2. Die vorbereiteten Quitten in einer Küchenmaschine grob raspeln. Die Quittenraspel in einer Schüssel mit dem Orangensaft mischen.

3. Die Gläser sterilisieren (siehe S. 72) und ein paar Untertassen ins Gefrierfach stellen. Die Orangenschalen mit 1,5 l Wasser in einem großen Topf 20 Minuten köcheln lassen. Die Quittenmischung zugeben, aufkochen und 5 Minuten kochen lassen.

4. Den Zucker zugeben und alles bei geringer Hitze unter Rühren köcheln, bis er sich gelöst hat. Dann die Mischung aufkochen und 20–30 Minuten sprudelnd kochen lassen, bis die Marmelade geliert (der genaue Zeitpunkt hängt vom Reifegrad der Früchte ab). Nach 15 Minuten den Topf vom Herd ziehen, etwas Marmelade auf eine kalte Untertasse träufeln und ein paar Minuten ins Tiefkühlfach stellen. Mit dem Finger über den Marmeladentropfen streichen: Wenn er runzlig wird, aber keine Flüssigkeit mehr hervortritt, ist die Marmelade fertig. Anderenfalls weiterkochen und in 3-Minuten-Abständen erneut testen.

5. Sobald die Marmelade geliert, vom Herd nehmen und umrühren, um Schaum unterzumischen. 20 Minuten abkühlen lassen.

6. Schaum von der Oberfläche abschöpfen. Die Marmelade bis 6 mm unter dem Rand in die Gläser füllen und verschließen. Die Gläser beschriften und kühl und dunkel lagern. Sie hält sich mindestens 2 Jahre.

Die Kombination von säuerlichem Rhabarber mit süßen Erdbeeren ist ... einfach großartig! In dieser Konfitüre spielt der Rhabarber außerdem eine ganz praktische Rolle: als Gelierhilfe nämlich.

Rhabarber-Erdbeer-Konfitüre

ERGIBT 7–8 GLÄSER À 350 G

1 kg junger Rhabarber, geputzt

1 kg kleine Erdbeeren, geputzt und die Kelche entfernt

6 EL Zitronensaft

1,8 kg Gelierzucker (1:1)

15 g Butter

1. Den Rhabarber in 2 cm lange Stücke schneiden und in einer großen Schüssel mit Erdbeeren, Zitronensaft und Zucker vermischen. Alles mit einem Tuch abdecken und kühl (aber nicht im Kühlschrank) über Nacht Saft ziehen lassen. Diese Vorbereitung bewirkt, dass die Erdbeeren beim Kochen nicht zerfallen.

2. Am nächsten Tag den Backofen auf 150 °C (Umluft 135 °C) vorheizen. Ein paar Untertassen ins Gefrierfach legen. Gläser und Deckel säubern, mit klarem Wasser abspülen und abtropfen lassen. Mindestens 15 Minuten im heißen Ofen sterilisieren.

3. Die Fruchtmischung in einem großen Topf bei mittlerer Temperatur erwärmen. Dabei häufig rühren, bis sich der Zucker gelöst hat. Die Butter zugeben und alles aufkochen.

4. Die Konfitüre 8–10 Minuten sprudelnd kochen lassen (ein Zuckerthermometer zeigt dann 104–105 °C an). Den Topf vom Herd ziehen und eine Gelierprobe machen: Dazu die Konfitüre auf eine kalte Untertasse träufeln und 2 Minuten ins Tiefkühlfach stellen. Mit dem Finger über den Marmeladentropfen streichen: Wenn er runzlig wird, aber keine Flüssigkeit mehr hervortritt, ist die Konfitüre fertig. Anderenfalls weiterkochen und in 3-Minuten-Abständen erneut testen. Die fertige Konfitüre vom Herd nehmen, den Schaum abschöpfen und die Konfitüre 15–20 Minuten stehen lassen, bis die Fruchtstückchen beim Durchrühren nicht wieder an die Oberfläche steigen.

5. Die Konfitüre mithilfe eines Einfülltrichters in die Gläser füllen. Die Gläser sofort verschließen und beschriften. Die Konfitüre hält sich, kühl und trocken gelagert, bis zu 6 Monate.

Aus dem Gemüsegarten

Vor ein paar Jahren hat Sarah Mead, Tims Frau, unseren Bio-Gemüsegärten neues Leben eingehaucht. Heute gehören sie zu den schönsten und interessantesten Bereichen des Hofes. Wir bauen dort jede Menge tolles Gemüse an, von Bohnen bis Rote Bete. Das meiste davon ist für unsere Firmenkantine und das Hofcafé bestimmt.

Bei diesem Rezept ist es wirklich entscheidend, superfrische Eier zu verwenden, denn bei denen zerfasert das Eiweiß beim Pochieren nicht. Die frischsten Eier bekommt man direkt vom Bauern.

Grüne Spargelcremesuppe mit pochierten Eiern

FÜR 4 PERSONEN

600 g dünner grüner Spargel
1 l Gemüse- oder Hühnerbrühe
Salz
½ TL Weißweinessig
4 sehr frische Eier (Größe L)
65 g Butter
150 g Lauch, nur der weiße Teil, geputzt und fein geschnitten
2 kleine Selleriestangen, fein geschnitten
30 g Weizenmehl
1½ EL Crème double
Schwarzer Pfeffer

1. Die holzigen Enden des Spargels abbrechen, grob hacken und mit der Brühe aufkochen. Zugedeckt 15 Minuten bei geringer Hitze köcheln lassen, die Spargelbrühe durch ein Sieb gießen und die Spargelenden entsorgen.

2. Inzwischen die Spargelspitzen abschneiden und längs halbieren. Die Stangen grob hacken. Die Spitzen in Salzwasser in 2 Minuten knapp gar kochen, abgießen und kalt abschrecken. In einen zweiten Topf mit kochendem Salzwasser den Essig geben. Die Temperatur reduzieren und durch Rühren mit einem Kochlöffel einen Strudel im Wasser entstehen lassen. In diesen Strudel ein Ei aufschlagen, 3 Minuten pochieren, mit einem Schaumlöffel herausheben und auf Küchenpapier abtropfen lassen. Die anderen Eier ebenso pochieren. Das Kochwasser weiter köcheln lassen.

3. 50 g Butter in einem großen Topf zerlassen. Spargel, Lauch und Sellerie zugeben und zugedeckt bei geringer Hitze in 10 Minuten weich dünsten. Das Gemüse soll dabei nicht bräunen.

4. Das Mehl unterrühren und 1 Minute lang mitschwitzen. Die Spargelbrühe zugießen, aufkochen und alles zugedeckt weitere 10 Minuten kochen lassen. Die Suppe etwas abkühlen lassen, portionsweise im Mixer glatt pürieren, durch ein feines Sieb gießen, zurück in den gesäuberten Topf geben, aufkochen und die Crème double einrühren. Mit Salz und Pfeffer würzen.

5. Die übrige Butter zerlassen. Die Suppe auf Teller verteilen und die Spargelspitzen darüberstreuen. Die Eier in ihrem köchelnden Kochwasser 30 Sekunden aufwärmen, mit einem Schaumlöffel herausheben und jedes in einen Suppenteller setzen. Die flüssige Butter darüberträufeln.

Für die Glücklichen unter Ihnen, die jeden Sommer Unmengen von Tomaten ernten können, ist diese Suppe ein Segen. Rühren Sie ruhig etwas Pesto oder Tapenade hinein.

Ofentomatensuppe mit Käse-Muffins

FÜR 6–8 PERSONEN

1,75 kg Tomaten

150 ml Olivenöl, plus Öl zum Beträufeln

Salz, schwarzer Pfeffer

4 Knoblauchzehen, gehackt

Je ½ EL Thymianblättchen und Rosmarinnadeln, gehackt

3 mittelgroße Zwiebeln, in dünnen Ringen

3 dicke Selleriestangen, fein geschnitten

Je ½ TL Fenchelsamen, zerstoßen, und getrocknete Chilischoten, zerbröselt

1,2 l Gemüsebrühe

1 EL Tomatenmark

2 TL Zucker

Saft von 1 Limette

FÜR DIE MUFFINS:

115 g Weizenmehl

1 EL Backpulver

¼ TL Salz

100 g Maisgrieß (Polenta)

85 g Käse (z. B. Cheddar), gerieben

¼ TL getrocknete Chilischoten, zerbröselt

1 Ei (Größe M), verquirlt

175 ml Vollmilch

50 g Butter, zerlassen

1. Den Backofen auf 190 °C (Umluft 170 °C) vorheizen. Die Tomaten halbieren, mit der Schnittfläche nach oben auf ein geöltes Backblech legen, salzen, pfeffern und mit ein paar Esslöffeln Öl beträufeln. Im Ofen je nach Größe 45 Minuten bis 1 Stunde rösten, bis sie deutlich Wasser verloren haben.

2. Inzwischen das übrige Öl in einem großen Topf erhitzen. Knoblauch und Kräuter darin bei mittlerer Hitze anbraten. Zwiebeln, Sellerie, Fenchel und Chili unterrühren und die Mischung zugedeckt bei geringer Hitze 20 Minuten braten, dabei gelegentlich umrühren. Das Gemüse soll weich werden, aber nicht bräunen.

3. 600 ml Brühe zugeben, aufkochen und alles zugedeckt weitere 10 Minuten köcheln lassen. Jetzt die Tomaten mit ihrem Schmorsaft, Tomatenmark und Zucker zugeben und 2–3 Minuten kochen. Die Suppe vom Herd nehmen, etwas abkühlen lassen und portionsweise im Mixer glatt pürieren. Durch ein Sieb in einen sauberen Topf gießen und mit Brühe zur gewünschten Konsistenz vordünnen.

4. Für die Muffins den Ofen auf 200 °C (Umluft 180 °C) hochschalten. 8 Papierförmchen in ein Muffinblech setzen. Mehl, Backpulver und Salz in eine Schüssel sieben. Polenta, 75 g Reibekäse und Chilis untermischen. Eine Mulde hineindrücken, Ei, Milch und flüssige Butter zufügen und alles verrühren. Den Teig auf die Förmchen verteilen, mit dem übrigen Käse bestreuen und im Ofen in 20 Minuten goldbraun backen.

5. Sobald die Muffins fast fertig sind, die Suppe erneut erhitzen und mit Limettensaft, Salz und Pfeffer abschmecken. Mit den Muffins servieren.

FÜR 8 PERSONEN

450 g dicke Bohnen, frisch gepalt

Salz

10 g Basilikumblätter, grob zerpflückt

50 g Pecorino, fein gerieben

2 EL Olivenöl extra vergine

1 TL Zitronensaft

Schwarzer Pfeffer

FÜR DIE CROSTINI:

250 g Büffelmozzarella (abgetropft gewogen)

16 Scheiben Baguette

1 große Knoblauchzehe, geschält und halbiert

25 g Rucola oder wilde Rauke

Zitronen-Olivenöl (ersatzweise Olivenöl extra vergine, gemischt mit feinem Abrieb von 1 Bio-Zitrone)

Fleur de Sel

Diese leckeren Häppchen gibt es bei unseren Gartenpartys – und als Vorspeise beim Grillen kommen sie auch immer gut an!

Bohnenpüree auf Mozzarella-Rucola-Crostini mit Zitronenöl

1. Die Bohnen in kochendem Salzwasser in 2–3 Minuten knapp gar kochen, abgießen und abschrecken. Bei jedem Bohnenkern die Haut etwas anritzen und den Kern hinausdrücken.

2. Die Bohnenkerne mit dem Basilikum in der Küchenmaschine oder im Mixer zu einer groben Paste pürieren. Pecorino, Öl und Zitronensaft untermischen und mit Salz und Pfeffer würzen.

3. Den Mozzarella klein zerpflücken und auf Küchenpapier abtropfen lassen. Die Baguettescheiben toasten und mit den Knoblauchhälften einreiben. Erst das Bohnenpüree, dann Mozzarella und Rucola darauf verteilen, mit Zitronenöl beträufeln und mit Fleur de Sel bestreuen. Die Crostini sofort servieren.

AUS DEM GEMÜSEGARTEN

Dinkel ist ein uraltes Getreide, das mit Weizen verwandt ist. Wir freuen uns, dass es offenbar langsam wieder aus der Versenkung auftaucht, denn es ist gesund und schmeckt schön herzhaft.

Fenchel-Dinkel-Salat mit Cranberry-Granatapfel-Dressing

FÜR 6 PERSONEN

125 g Dinkelkörner

1½ EL Olivenöl extra vergine

1 EL Granatapfelsirup

¼ TL Sumach, nach Belieben mehr

Salz, schwarzer Pfeffer

50 g Walnusskerne

1 Fenchelknolle (ca. 200 g), äußere Schicht und Strunk entfernt

2 dicke Selleriestangen

2 kleine Äpfel

1½ EL Minzblätter, grob gehackt

1½ EL Fenchelgrün, grob gehackt

2 EL Petersilie, grob gehackt

50 g getrocknete Cranberrys

1. Den Backofen auf 200 °C (Umluft 180 °C) vorheizen. Den Dinkel gründlich abbrausen, mit 750 ml kaltem Wasser in einen Topf geben und aufkochen. Den Dinkel in ca. 45 Minuten bissfest garen. Abgießen, abtropfen lassen und in einer Schüssel mit Öl, Granatapfelsirup, Sumach, ¼ Teelöffel Salz und Pfeffer mischen. Abkühlen lassen.

2. Die Walnüsse auf einem Blech 6 Minuten im Ofen rösten. Dann herausnehmen, abkühlen lassen und in kleine Stücke brechen.

3. Den Fenchel halbieren und quer mit einem scharfen Messer oder einem Gemüsehobel sehr fein schneiden. Den Sellerie in dünne Scheiben schneiden. Die Äpfel vierteln und ohne Kerngehäuse 1 cm groß würfeln.

4. Alle vorbereiteten Zutaten, die Kräuter und Cranberrys mit dem Dinkel mischen, den Salat abschmecken und sofort servieren.

Tipp:

Wenn Sie keinen Granatapfelsirup bekommen, können Sie flüssigen Honig verwenden. Sumach ersetzen Sie durch etwas Zitronensaft.

Verwenden Sie für diesen Salat reife, aber feste Birnen – am besten mit rötlicher Schale, denn die sehen hier besonders toll aus. Und die karamellisierten Walnüsse schmecken großartig dazu!

Herbstsalat mit Birne, Granatapfel, Blauschimmelkäse und karamellisierten Walnüssen

FÜR 4–6 PERSONEN

2 reife, feste Birnen
1 EL Zitronensaft
½ Granatapfel
2 kleine weiße Chicoréestauden, in Blätter zerteilt
2 kleine rote Chicoréestauden, in Blätter zerteilt
40 g Brunnenkresse (ersatzweise Feldsalat)
50 g Radicchio, nach Belieben
100 g Blauschimmelkäse, entrindet, in Scheiben

FÜR DIE WALNÜSSE:

100 g Walnusskerne
2 EL flüssiger Honig

FÜR DAS DRESSING:

1½ EL Rotweinessig
1 TL körniger Senf
1 TL flüssiger Honig
1 EL Walnussöl
2 EL Olivenöl extra vergine
Salz, schwarzer Pfeffer

1. Für die karamellisierten Walnüsse den Backofen auf 180 °C (Umluft 160 °C) vorheizen. Die Walnüsse auf einem Blech mit Backpapier ausbreiten und mit dem Honig beträufeln. In 8–10 Minuten rösten und karamellisieren lassen. Herausnehmen, abkühlen lassen und etwas kleiner brechen.

2. Für das Dressing Essig, Senf und Honig verquirlen, dann nach und nach das Öl einrühren. Das Dressing mit Salz und Pfeffer würzen.

3. Die Birnen ohne Kerngehäuse in Scheiben schneiden und mit dem Zitronensaft mischen.

4. Die Kerne aus dem Granatapfel lösen. Die Salatblätter mit 2 Esslöffeln Dressing mischen und auf Teller verteilen. Käse und Birnen darübergeben. Den Salat mit Walnüssen und Granatapfelkernen bestreuen, mit übrigem Dressing beträufeln und sofort servieren.

Probieren Sie doch mal …

Apfel-Pekan-Cranberry-Salat: Birnen durch aromatische Äpfel und Walnüsse durch Pekannüsse ersetzen. Statt Honig im Dressing und für die Nüsse Ahornsirup verwenden und den Salat mit getrockneten Cranberrys statt Granatapfelkernen bestreuen. Staudensellerie macht den Salat schön knackig.

Rote Bete ernten wir fast das gesamte Jahr über, sodass sie ständig auf der Karte unseres Cafés auftaucht. Am liebsten mögen wir sie im Ofen gebacken. Ein Spritzer Balsamicoessig rundet das Aroma schön ab.

Salat von Roter Bete mit Ziegenkäse und Dill

FÜR 6–8 PERSONEN

1 kg kleine Rote Bete (perfekt sind bunte Sorten)

Abrieb und Saft von 1 kleinen Bio-Orange

2½ EL Apfel-Balsamicoessig

5 EL Olivenöl extra vergine

Salz, schwarzer Pfeffer

1 TL flüssiger Honig

2 Knoblauchzehen, geschält

1 EL gehackter Dill, plus Dill zum Garnieren

150 g Ziegenweichkäse, entrindet und zerbröselt

50 g Walnusskerne, geröstet und grob gehackt (oder gehäutete, halbierte Haselnusskerne)

25 g Kürbiskerne

1. Den Backofen auf 190 °C (Umluft 170 °C) vorheizen. Rote Bete putzen, schälen, in mundgerechte Spalten schneiden und in einem Bräter verteilen.

2. Die Rote-Bete-Stücke mit Orangenabrieb, 2 Esslöffeln Orangensaft, 1 Esslöffel Essig, 2 Esslöffeln Öl, ½ Teelöffel Salz und etwas Pfeffer gut vermischen. Den Bräter mit Alufolie abdecken und die Rote Bete in 45 Minuten bis 1 Stunde weich garen. Herausnehmen und abkühlen lassen.

3. Den übrigen Essig mit dem Honig verrühren. Das übrige Öl unterschlagen. Den Knoblauch dazupressen und das Dressing mit Salz und Pfeffer würzen. Dressing, Dill und Rote Bete vermengen und den Salat in einer flachen Schale mit Käse, Nüssen, Kürbiskernen und dem übrigen Dill bestreut servieren.

Probieren Sie doch mal …

Rote-Bete-Salat mit Granatapfel: Die Rote Bete mit Zitronenschale und -saft (statt Orange) rösten. Ein Dressing aus 1 EL Granatapfelsirup, 1 EL Zitronensaft, 1 TL Honig, 1 kleine durchgepressten Knoblauchzehe und 3 EL Olivenöl zubereiten, salzen, pfeffern und mit der Roten Bete mischen. 50 g geröstete Pinienkerne, die Kerne von 1 Granatapfel und 30 g Rucola untermischen.

AUS DEM GEMÜSEGARTEN

*Mum lag uns Kindern damals ständig in
den Ohren, wir sollten grünes Gemüse essen.
Oft hat sie es uns einfach untergeschmuggelt.
Heute braucht uns niemand mehr zu überreden
– schließlich gibt es Rezepte wie dieses!*

Sommergrüne Taboulé

FÜR 6 PERSONEN

100 g mittelfeiner Bulgur

2 EL Olivenöl extra vergine

200 g Zucchini, geputzt und
1 cm groß gewürfelt

Salz, schwarzer Pfeffer

150 g dicke Bohnen,
frisch gepalt

75 g dünne grüne Bohnen,
in 1 cm großen Stücken

75 g Erbsen, frisch gepalt

1 Mini-Romanasalat, geputzt
und in feinen Streifen

75 g Salatgurke, geschält,
Samen herausgekratzt,
Fruchtfleisch gewürfelt

1 Bund Minze, abgezupfte Blätter
fein geschnitten

1 Bund glatte Petersilie,
abgezupfte Blätter fein
geschnitten

4 Frühlingszwiebeln, geputzt,
in feinen Ringen

50 g geröstete Pinienkerne

1½–2 EL Zitronensaft

1. Den Bulgur in einer großen Schüssel mit reichlich kochendem Wasser übergießen und 10 Minuten quellen lassen. Die Körner sollen gar, aber noch bissfest sein. In ein Sieb abgießen und auf einem Tuch ausgebreitet abtropfen lassen.

2. 1½ Teelöffel Öl in einer Pfanne erhitzen. Die Zucchini hineingeben, salzen und pfeffern und bei hoher Temperatur unter Rühren in ca. 3 Minuten goldbraun braten. Auf einem Teller abkühlen lassen.

3. Die dicken Bohnen in 3 Minuten in kochendem Salzwasser garen, mit einem Schaumlöffel herausheben, kalt abschrecken und abkühlen lassen. Die grünen Bohnen im gleichen Kochwasser ebenfalls in 3 Minuten garen, die Erbsen zugeben, erneut aufkochen und 1 weitere Minute kochen. Das Gemüse in ein Sieb abgießen, kalt abschrecken und abtropfen lassen. Die Häute der dicken Bohnen anritzen und die Bohnenkerne herausdrücken.

4. Den Bulgur in einer großen Schüssel mit Zucchini, Bohnen, Erbsen, Salat, Gurke, Kräutern, Frühlingszwiebeln, Pinienkernen, Zitronensaft sowie dem übrigen Olivenöl mischen und mit reichlich Salz würzen. Die Taboulé sofort servieren, damit die Salatblätter nicht zusammenfallen.

Probieren Sie doch mal ...

diesen Salat, garniert mit Joghurtkäse (siehe S. 14) oder zerkrümeltem Feta. Oder ergänzen Sie die Taboulé in der Spargelsaison mit etwas grünem Spargel.

Für diese Tarte können Sie eigentlich jedes Blattgemüse verwenden. Aber der hübsche rotstielige Mangold sorgt nicht nur bei den Besuchern unserer Gärten für Begeisterung, sondern auch in diesem Rezept.

Kürbis-Mangold-Tarte mit roten Zwiebeln

FÜR 6–8 PERSONEN

2 kleine rote Zwiebeln

375 g Butternuss-Kürbis, entkernt, geschält, in 2,5 cm großen Stücken

2 EL Olivenöl

Salz, schwarzer Pfeffer

300 g Mangold (ersatzweise Spinat), Stiele und dicke Rippen entfernt, Blätter grob geschnitten

225 g würziger Käse, zerbröselt oder grob gerieben

3 Eier (Größe L)

300 g Crème double

FÜR DEN BODEN:

150 g Weizenmehl, plus Mehl zum Verarbeiten

75 g Weizenvollkornmehl

65 g kalte Butter, in Stücken

65 g kaltes Schmalz, in Stücken

½ TL Salz

1. Für den Boden beide Mehlsorten mit Butter, Schmalz und Salz in der Küchenmaschine krümelig mixen. 2 Esslöffel kaltes Wasser zugeben und kurz weitermixen, bis der Teig zusammenhält. Auf der bemehlten Arbeitsfläche glatt kneten, dünn ausrollen und eine Tarteform mit herausnehmbarem Boden (Ø 23 cm) damit auskleiden. Den Teigboden mehrfach mit einer Gabel einstechen und 20 Minuten kalt stellen. Den Backofen auf 200 °C (Umluft 180 °C) vorheizen.

2. Zwiebeln schälen und in Spalten schneiden, dabei den Wurzelansatz nicht abschneiden, damit sie zusammenhalten. Zwiebelspalten und Kürbis in einem Bräter mit Öl sowie etwas Salz und Pfeffer mischen und im Ofen in 20–30 Minuten garen. Herausnehmen und beiseitestellen.

3. Den Tarteboden mit Backpapier und getrockneten Hülsenfrüchten belegen und 15–20 Minuten im Ofen backen, bis die Ränder gebräunt sind. Papier und Hülsenfrüchte entfernen und den Boden in 5–7 Minuten goldbraun backen.

4. Inzwischen die Mangoldblätter in einer großen Pfanne bei mittlerer Temperatur in 2–3 Minuten zusammenfallen lassen, in ein Sieb geben und vorsichtig ausdrücken. Mit Salz und Pfeffer würzen.

5. Den Tarteboden aus dem Ofen nehmen und die Temperatur auf 190 °C (Umluft 170 °C) herunterschalten. Kürbis, Zwiebeln, Mangold und Käse auf dem Tarteboden verteilen. Eier und Crème double verschlagen, mit Salz und Pfeffer würzen und darübergießen. Die Tarte 30–35 Minuten backen, bis sie schön gebräunt und fest ist. Sofort servieren.

Diese würzigen Plätzchen erinnern an indische Pakoras. Sie schmecken toll mit Salat als leichtes Mittagessen, als Vorspeise vor indischem Curry oder in der Mini-Version als Knabberei zu einem Drink.

Möhren-Koriander-Plätzchen mit grüner Joghurtsauce

FÜR 4 PERSONEN (12 GROSSE ODER 24 KLEINE PLÄTZCHEN)

25 g Butter

1 Bund Frühlingszwiebeln, geputzt, in feinen Ringen

2 Eier (Größe L)

80 ml Vollmilch

90 g Weizenmehl

½ TL Backpulver

1 TL gemahlener Kreuzkümmel

¼ TL gemahlene Kurkuma

¼ TL Cayennepfeffer

Salz

350 g Möhren, geraspelt

25 g Parmesan, gerieben

15 g Korianderblätter, gehackt

Öl zum Braten

Schwarzer Pfeffer

FÜR DIE SAUCE:

100 g Vollmilch-Naturjoghurt

1 Knoblauchzehe, geschält

¼ TL feiner Zucker

¼ TL Salz

15 g Minzblätter

15 g Korianderblätter

1 EL Olivenöl extra vergine

1. Für die Sauce alle Zutaten in der Küchenmaschine oder im Mixer glatt pürieren, in eine Schüssel füllen und 1 Stunde kalt stellen.

2. Den Backofen auf 110 °C (Umluft 100 °C) vorheizen. Ein Backblech dick mit Küchenpapier auslegen.

3. Die Butter in einem kleinen Topf zerlassen und die Frühlingszwiebeln darin 1 Minute glasig dünsten, dann beiseitestellen. Eier und Milch in einer Schüssel verschlagen. Mehl, Backpulver, Gewürze sowie ¾ Teelöffel Salz darübersieben und alles gut verrühren.

4. Die Möhrenraspel in ein Küchentuch geben und so viel Flüssigkeit wie möglich ausdrücken. Möhrenraspel, Frühlingszwiebeln, Parmesan und Koriander unter den Teig mischen.

5. In einer weiten, tiefen Pfanne 1 cm hoch Öl auf 180 °C erhitzen. 4 große oder 8 kleine Löffel voll Teig in das heiße Öl geben und mit dem Löffelrücken etwas flach drücken. Die Plätzchen in ca. 1–1½ Minuten pro Seite knusprig und goldbraun frittieren, auf dem Küchenpapier entfetten und im Ofen warm halten. Den übrigen Teig ebenso verarbeiten. Die Plätzchen warm mit der Joghurtsauce servieren.

Auf die Idee zu diesem Rezept haben uns die sehr guten Gemüse-Pies im Restaurant Bill's in Lewes gebracht. Verwenden Sie für eine große Version eine Tarteform von 23 cm Durchmesser.

Rote-Bete-Kartoffel-Pies mit Crème fraîche

FÜR 6 PERSONEN

25 g Butter

1 mittelgroße Zwiebel, geschält und gehackt

2 Knoblauchzehen, geschält

200 g festkochende Kartoffeln, geschält, in 5 mm dicken Scheiben

120 ml Vollmilch

120 g Crème fraîche

Salz, schwarzer Pfeffer

125 g milder Käse (z.B. Caerphilly), gerieben

125 g würziger Käse (z.B. Cheddar) gerieben

250 g Rote Bete, geschält und grob geraspelt

20 g Schnittlauch, in Röllchen

FÜR DEN TEIG:

225 g Weizenmehl, plus Mehl zum Verarbeiten

½ TL Salz

65 g kalte Butter, in Stücken, plus Butter für die Förmchen

65 g kaltes Schmalz, in Stücken

1. Für den Teig Mehl und Salz in die Küchenmaschine sieben. Butter und Schmalz zugeben und alles krümelig mixen. 2 Esslöffel kaltes Wasser zufügen und weitermixen, bis sich die Krümel zu einer Kugel verbinden. Den Teig auf der bemehlten Arbeitsfläche kurz glatt kneten, dann in sechs Portionen teilen. Jede zu einem Kreis (Ø 15 cm) ausrollen und sechs gebutterte Tarteletteformen (Ø 10 cm) damit auslegen. Die Böden mehrfach mit einer Gabel einstechen und 20 Minuten kalt stellen.

2. Den Backofen auf 200 °C (Umluft 180 °C) vorheizen. Die Förmchen mit Alufolie belegen und mit getrockneten Hülsenfrüchten füllen, dann auf einem Rost im Ofen 15 Minuten backen, bis die Ränder bräunen. Folie und Hülsenfrüchte entfernen und die Böden in weiteren 5–7 Minuten goldbraun backen. Herausnehmen.

3. Für die Füllung die Butter in einem Topf zerlassen und die Zwiebel darin zugedeckt bei geringer Hitze in 10 Minuten weich und goldbraun dünsten. Den Knoblauch dazupressen, 1 Minute mitbraten, dann Kartoffeln, Milch, Crème fraîche, ½ Teelöffel Salz und etwas Pfeffer zugeben. Alles 15–20 Minuten unter häufigem Rühren köcheln lassen, bis die Kartoffeln gar sind.

4. Den Topf vom Herd nehmen und je 75 g beider Käsesorten, die Rote Bete und den Schnittlauch unterrühren. Die Füllung auf die Teigböden verteilen, die Pies mit dem übrigen Käse bestreuen und im Ofen 10 Minuten backen, bis der Käse geschmolzen ist.

Wir verwenden für dieses Gratin am liebsten einen guten regionalen Käse. Es schmeckt als Hauptgericht mit einem schlichten Salat, aber auch als Beilage zu Brathähnchen oder Lamm.

> **Oder probieren Sie ... Auberginengratin:** Zucchini und Paprika durch 2 große Auberginen (in 1 cm dicken Scheiben) ersetzen. Die Auberginen wie beschrieben in der Grillpfanne anrösten.

Zucchini-Tomaten-Gratin mit gerösteter Paprika

FÜR 4 PERSONEN

2 kleine rote Paprikaschoten

15 g Butter

1 große Knoblauchzehe, geschält

600 g geschälte Tomaten (Dose)

1 EL frische Oreganoblättchen

Salz, schwarzer Pfeffer

750 g Zucchini, in 5–6 mm dicken Scheiben

2 EL Olivenöl

150 g Käse (z. B. Cheddar), gerieben

1. Den Backofen auf 220 °C (Umluft 200 °C) vorheizen. Die Paprikaschoten auf einem Backblech im Ofen 20–25 Minuten rösten, bis die Haut schwarz und das Fruchtfleisch weich ist. Dabei gelegentlich wenden. Herausnehmen und zugedeckt abkühlen lassen. Die abgekühlten Schoten halbieren, häuten, Stiele und Samen entfernen und das Fruchtfleisch in breite Streifen zupfen.

2. Inzwischen die Butter in einer weiten, tiefen Pfanne zerlassen, den Knoblauch hineinpressen und kurz anbraten. Tomaten und Oregano zugeben, aufkochen und die Tomaten mit einem Löffel etwas zerdrücken. Die Sauce 40 Minuten unter gelegentlichem Rühren einkochen und eindicken lassen. Mit Salz und Pfeffer würzen und die Hälfte der Sauce in einer großen Auflaufform verteilen.

3. Eine große Grillpfanne erhitzen, bis sie raucht. Die Temperatur etwas reduzieren. Die Zucchinischeiben mit dem Öl mischen und portionsweise in der Grillpfanne 2 Minuten pro Seite anrösten, dabei salzen und pfeffern. Die Scheiben auf Küchenpapier entfetten.

4. Erst die Hälfte der Zucchinischeiben in der Form verteilen, dann jeweils die Hälfte von Paprika und Käse. Die übrige Sauce darübergeben und die übrigen Zutaten einschichten. Mit dem Käse abschließen. Das Gratin in 25–30 Minuten im Ofen backen, bis der Käse goldbraun ist.

AUS DEM GEMÜSEGARTEN

Wenn es früher Blumenkohl gab, mussten wir unsere Kinder mit Engelszungen zum Essen überreden. Dann entdeckten wir dieses Rezept – und jetzt beschweren sie sich, dass es nicht oft genug Blumenkohl gibt!

Überbackener Blumenkohl mit Kirschtomaten und Speck

FÜR 4 PERSONEN

1 kleine Zwiebel, geschält, halbiert und mit 6 Nelken gespickt

500 ml Vollmilch

3 große frische Lorbeerblätter

½ TL schwarze Pfefferkörner

40 g Butter

35 g Weizenmehl

1 großer Blumenkohl (ca. 1,5 kg), ohne Strunk in Röschen geteilt

200 g würziger Käse (z.B. alter Cheddar), gerieben, plus Reibekäse zum Bestreuen

3 EL Crème double

2 TL scharfer Senf

Salz, schwarzer Pfeffer

200 g große Kirschtomaten

1 TL Olivenöl

12 Scheiben Frühstücksspeck (Bacon)

Vollkorntoast, geröstet und gebuttert, zum Servieren

1. Die gespickte Zwiebel in einem Topf mit Milch, Lorbeer und Pfefferkörnern aufkochen, vom Herd nehmen und 20 Minuten ziehen lassen.

2. Die Milch erneut aufkochen und durch ein Sieb gießen. Zwiebel und Gewürze entsorgen. Die Butter zerlassen, das Mehl zugeben und 1 Minute bei mittlerer Hitze anschwitzen. Die Milch zugießen und unter Rühren aufkochen. Die Sauce 5 Minuten bei geringer Hitze köcheln lassen, gelegentlich umrühren.

3. Inzwischen den Backofengrill vorheizen. Den Blumenkohl in reichlich kochendem Wasser in 7–8 Minuten garen, abgießen und abtropfen lassen.

4. 150 g Käse mit Crème double und Senf in die Sauce rühren und mit Salz und Pfeffer würzen. Die Tomaten mit dem Öl mischen, salzen und pfeffern. Den Blumenkohl in eine Auflaufform geben und mit der Sauce übergießen. Übrigen Käse und Tomaten darauf verteilen. Die Speckscheiben in einer zweiten Form verteilen. Gemüse und Speck ca. 5 Minuten im Ofen grillen, bis die Tomaten weich sind, der Käse geschmolzen und der Speck knusprig. Alles mit Toast servieren.

Probieren Sie doch mal ...

Nudelauflauf: 200 g kurze Nudeln nach Packungsanweisung garen, abgießen, mit der Käsesauce wie oben mischen und in eine Auflaufform geben. 3 Strauchtomaten in Scheiben schneiden und darauf verteilen. 50 g geriebenen Käse mit 25 g Semmelbröseln mischen, den Auflauf damit bestreuen und im Ofen bei 190 °C (Umluft 170 °C) 20 Min. backen.

Eigentlich sind wir keine großen Fans von Tiefkühlgemüse. Die Ausnahme sind Erbsen, denn die werden kurz nach dem Pflücken eingefroren, sodass sie besser schmecken als frische, die schon eine Weile im Kühlschrank liegen.

Lauwarmer Lammfleischsalat mit Erbsen, Minze und Feta

FÜR 6 PERSONEN

1 entbeinte Lammkeule (2,5 kg)

2 Romanasalatherzen, zerteilt

½ Salatgurke, längs halbiert, in dünnen Scheiben

FÜR DIE MARINADE:

6 EL Olivenöl

Je 2 Zweige Rosmarin und Thymian, Nadeln bzw. Blättchen fein gehackt

Abrieb und Saft von 1 kleinen Bio-Zitrone

3 Knoblauchzehen, geschält

Salz, schwarzer Pfeffer

FÜR DIE ERBSENMISCHUNG:

3 Schalotten, in dünnen Ringen

2 EL Rotweinessig

¼ TL feiner Zucker

250 g Erbsen (TK)

8 EL Olivenöl extra vergine

1 Bund Minze, Blättchen (bis auf einige zum Garnieren) fein gehackt

Salz, schwarzer Pfeffer

200 g Feta, zerbröselt

FÜR DIE JOGHURTSAUCE:

250 g Vollmilch-Naturjoghurt

2 EL Olivenöl extra vergine

2 EL frische Minze, gehackt

1 Knoblauchzehe, geschält

1. Für die Marinade Öl, Kräuter, Zitronenabrieb und -saft in einer flachen Form mischen, Knoblauch dazupressen und mit je 1 Teelöffel Salz und Pfeffer würzen. Die Lammkeule kalt abspülen, trocken tupfen, zu einem flachen Stück schneiden und gründlich in der Marinade wenden. Das Fleisch zugedeckt mindestens 4–6 Stunden, am besten über Nacht, marinieren.

2. Für die Erbsenmischung die Schalotten mit Essig und Zucker verrühren und mindestens 30 Minuten ziehen lassen. Die Erbsen in warmem Wasser auftauen, abgießen und abtropfen lassen. Den Backofen auf 200 °C (Umluft 180 °C) vorheizen.

3. Eine große Grillpfanne bei hoher Temperatur erhitzen, bis sie raucht, dann die Hitze reduzieren. Das Fleisch aus der Marinade nehmen und in der Grillpfanne 5–7 Minuten pro Seite anbraten. Dann in einem Bräter mit der übrigen Marinade begießen und 20–25 Minuten in den Ofen geben. Herausnehmen, in Alufolie wickeln und 5–10 Minuten ruhen lassen.

4. Inzwischen die Salatblätter etwas zerpflücken und mit der Gurke auf einer Servierplatte verteilen. Für die Sauce Joghurt, Öl und Minze mischen und den Knoblauch dazupressen.

5. Für die Erbsenmischung das Öl mit den Schalotten mischen, Erbsen und Minze untermengen und mit Salz und Pfeffer würzen.

6. Das Fleisch quer in dünne Scheiben schneiden und auf dem Salat anrichten. Erbsenmischung, Feta und die zurückbehaltenen Minzblätter darüber verteilen. Sofort mit der Joghurtsauce servieren.

Ach, Frostwetter ist einfach wunderbar! Klingt seltsam? Wenn man bedenkt, dass Grünkohl ein oder zwei Frostnächte braucht, um richtig gut zu schmecken, wird es vielleicht verständlicher. Vielleicht.

Herzhafter Eintopf mit Grünkohl und weißen Bohnen

FÜR 4–6 PERSONEN

4 EL Olivenöl

100 g Räucherspeck, gewürfelt

1 Zwiebel, halbiert und dünn geschnitten

100 g getrocknete weiße Bohnen, über Nacht eingeweicht

1 TL Thymianblättchen

Salz

200 g Schweinsbratwürste

15 g Butter

1 kleine Möhre, geschält und gewürfelt

1 Selleriestange, in Scheiben

1 Lauchstange, geputzt und in dicken Ringen

1 Knoblauchzehe, geschält

350 g mehligkochende Kartoffeln, geschält und grob gewürfelt

Schwarzer Pfeffer

300 ml Hühner- oder Schinkenbrühe (siehe S. 114)

125 g Grünkohl, Blätter in Streifen geschnitten

1. Die Hälfte des Öls in einem großen Topf erhitzen. Den Speck darin in 1–2 Minuten goldbraun braten. Die Zwiebel zugeben und zugedeckt bei geringer Hitze in 10 Minuten glasig und hellbraun dünsten. Die eingeweichten Bohnen abgießen, mit Thymian und 500 ml frischem Wasser zu den Zwiebeln geben, aufkochen und mit halb aufgelegtem Deckel bei geringer Hitze in 45–60 Minuten weich kochen. ½ Teelöffel Salz zugeben und weitere 5 Minuten köcheln lassen. Die Bohnen abgießen, den Sud dabei auffangen und, falls nötig, mit Wasser auf 300 ml auffüllen.

2. Inzwischen 1 Esslöffel Öl in einer kleinen Pfanne erhitzen, die Würste darin schön braun braten und beiseitestellen. Das übrige Öl mit der Butter im gesäuberten Bohnentopf erhitzen. Möhre, Sellerie und Lauch hineingeben, Knoblauch dazupressen und alles zugedeckt bei geringer Hitze 5–6 Minuten andünsten. Die Kartoffeln mit 1 Prise Salz, Pfeffer, Bohnensud und Brühe zufügen, aufkochen und 10 Minuten zugedeckt köcheln lassen, bis die Kartoffeln fast weich sind.

3. Inzwischen die Würste in 1 cm dicke Scheiben schneiden. Den Grünkohl in die Suppe rühren und 5 Minuten mitköcheln. Wurstscheiben und Bohnen untermischen und alles in 2–3 Minuten heiß werden lassen. Die Suppe mit Salz und Pfeffer abschmecken und servieren.

Probieren Sie doch mal ...

spanische Chorizo statt der Bratwurst. Sie gibt der Suppe nicht nur ein würziges Paprika-Aroma, sondern auch eine hübsche hellrote Farbe.

Der würzige Duft, den ein Bio-Brathähnchen beim langsamen Garen im Ofen verströmt, gehört zu den größten Genüssen überhaupt – vielleicht nur noch gesteigert durch seinen herrlichen Geschmack. Wir halten bereits seit Jahren Geflügel auf dem Hof, und unsere Tiere bekommen reichlich Auslauf. Das garantiert glückliche Hühner und später dann auch glückliche, satte Menschen.

Falls Sie einmal nicht wissen, wie frisch ein Ei ist, legen Sie es einfach in ein Glas kaltes Wasser. Wenn es sich auf dem Boden auf die Seite legt, ist es sehr frisch. Wenn es sich aufrichtet, dürfte es ungefähr eine Woche alt sein. Und sobald es schwebt, sollten Sie es ganz durchgaren.

Um ein Hähnchen wirklich vollständig zu verwerten, kochen Sie aus der Karkasse (dem Gerippe) Brühe. Wie, das steht auf S. 120.

Bio-Freilandhähnchen dürfen in ihrem Leben das machen, was sie am liebsten tun: Gras zupfen, auf dem Boden herumpicken und -kratzen und sogar Staubbäder nehmen.

Wir setzen dem Hühnerfutter gemahlene Austernschalen zu, damit die Eier schön harte Schalen bekommen.

Wir haben Enteneier immer schon zum Backen verwendet, aber erst kürzlich entdeckt, dass sie auch im Salat ganz wunderbar schmecken. Man sieht es Frank auf den Fotos an!

Röstkartoffelsalat mit Entenei und Blutwurst

FÜR 4 PERSONEN

350 g kleine, mehligkochende Kartoffeln

Salz

15 g Butter

7 EL Olivenöl

Schwarzer Pfeffer

1 Blutwurst (ca. 250 g), gehäutet und in Scheiben

200 g dicke Scheiben Frühstücksspeck (Bacon), in breiten Streifen

1 kleine Knoblauchzehe, geschält und fein gehackt

2 EL Sherry-Essig

2 TL flüssiger Honig

1 TL körniger Senf

1 EL gutes Walnussöl

4 frische Enteneier

200 g gemischte Salatblätter (z.B. Feldsalat, Löwenzahn, Rucola, Babyspinat)

1. Die Kartoffeln schälen, längs halbieren und in 7 mm dicke Scheiben schneiden. Die Scheiben in reichlich kochendem Salzwasser in 3 Minuten knapp gar kochen, abgießen und abtropfen lassen.

2. Die Butter mit 1 Esslöffel Olivenöl in einer Pfanne erhitzen. Die Kartoffelscheiben darin von beiden Seiten knusprig und goldbraun braten, mit Salz und Pfeffer würzen und im Ofen bei 100 °C (Umluft 90 °C) warm halten.

3. Die Blutwurstscheiben mit 1 weiteren Esslöffel Öl in die Pfanne geben, 1 Minute von jeder Seite braten und ebenfalls auf einem Teller im Ofen warm halten.

4. Das Fett aus der Pfanne bis auf 1 Esslöffel weggießen und den Speck in 4 Minuten knusprig braten. Den Speck zur Wurst geben und warm halten.

5. 2 Esslöffel Olivenöl zum Speckfett geben und den Knoblauch darin ein paar Sekunden anbraten. Dann Essig, Honig, Senf und Walnussöl zufügen, alles zu einem Dressing verrühren, salzen, pfeffern und warm halten.

6. Das übrige Öl in einer zweiten Pfanne erhitzen und darin die Enten-Spiegeleier braten, dabei etwas von dem heißen Fett über die Eigelbe schöpfen. Inzwischen die Salatblätter waschen, trocken schleudern und auf vier Teller verteilen. Kartoffelscheiben, Wurst und Speck daraufgeben und mit dem warmen Dressing beträufeln. Auf jeden Teller ein Spiegelei setzen, salzen und pfeffern. Den Salat mit frischem Brot servieren.

Diese Tarte ist eine Kreuzung aus einer Quiche Lorraine, einem Soufflé und britischen Bacon and Eggs. Am besten schmeckt sie frisch aus dem Ofen.

Bacon-and-Egg-Tarte

FÜR 6–8 PERSONEN

1 TL Sonnenblumenöl

200 g dicke Scheiben Frühstücksspeck (Bacon), in breiten Streifen

50 g Butter

25 g Weizenmehl

175 ml Vollmilch, erwärmt

100 g würziger Käse (z. B. alter Cheddar), gerieben

150 g Crème double

¼ TL frisch geriebene Muskatnuss

Salz, schwarzer Pfeffer

3 Eier (Größe M), getrennt

FÜR DEN TEIG:

225 g Weizenmehl, plus Mehl zum Verarbeiten

65 g kalte Butter, in Stücken

65 g kaltes Schmalz, in Stücken

½ TL Salz

1. Für den Teig Mehl, Butter, Schmalz und ½ Teelöffel Salz in der Küchenmaschine krümelig mixen. 2 Esslöffel Wasser zugeben und weitermixen, bis sich die Mischung zu einem Teig verbindet. Auf der bemehlten Arbeitsfläche kurz glatt kneten, dünn ausrollen und damit eine Tarteform mit herausnehmbarem Boden (Ø 23 cm) auskleiden. Den Boden mehrfach mit einer Gabel einstechen und 20 Minuten kalt stellen.

2. Inzwischen den Backofen auf 200 °C (Umluft 180 °C) vorheizen. Ein Stück Backpapier auf den Teigboden legen, getrocknete Hülsenfrüchte daraufgeben und den Boden 15–20 Minuten blindbacken, bis die Ränder bräunen. Papier und Hülsenfrüchte entfernen, die Form erneut in den Ofen stellen und den Teig in 5–6 Minuten knusprig und goldbraun backen.

3. In der Zwischenzeit das Öl in einer Pfanne stark erhitzen. Den Speck darin kurz goldbraun braten und beiseitestellen.

4. Die Butter in einem Topf zerlassen, das Mehl einrühren und 1 Minute anschwitzen. Die warme Milch zugießen und alles unter ständigem Rühren aufkochen. Käse und Crème double untermischen, dann Muskat und Speck zufügen und die Mischung mit Salz und Pfeffer würzen. Etwas abkühlen lassen.

5. Den Tarteboden aus dem Ofen nehmen und die Temperatur auf 180 °C (Umluft 160 °C) reduzieren. Die Eigelbe unter die Sauce rühren. Die Eiweiße steif schlagen und vorsichtig unterheben. Die Masse auf den Tarteboden gießen und die Tarte im Ofen 30 Minuten backen, nach 20 Minuten mit Alufolie abdecken. Die Tarte sollte anschließend gut aufgegangen und goldbraun sein. Sofort servieren.

Diese pikanten Eier sind auf den ersten Bissen eine Offenbarung: knusprig, würzig und innen weich. Mit einem knackigen Salat ergeben sie die perfekte Mahlzeit.

Eier in Wursthülle mit Salbei und Zitrone

FÜR 8 STÜCK

8 Eier (Größe L)

30 g Butter

100 g Schalotten oder Zwiebeln, fein gehackt

Abrieb von 2 kleinen Bio-Zitronen

½ TL gemahlene Muskatblüte (Macis)

2 EL Salbeiblätter, fein gehackt

700 g Wurstbrät (Schwein)

Salz, schwarzer Pfeffer

Sonnenblumenöl zum Ausbacken

FÜR DIE PANADE:

50 g Weizenmehl, plus Weizenmehl für die Arbeitsfläche

3 Eier (Größe L), verquirlt

150 g frische Semmelbrösel (oder japanisches Panko)

1. Die Eier in einen Topf mit kochendem Wasser legen und genau 7 Minuten kochen. Herausnehmen, in eine Schüssel mit kaltem Wasser legen und pellen.

2. Die Butter in einer Pfanne zerlassen und die Schalotten- oder Zwiebelwürfel darin 5–6 Minuten anschwitzen, ohne dass sie bräunen. In einer Schüssel abkühlen lassen. Zitronenabrieb, Muskatblüte, Salbei und Wurstbrät mit etwas Salz und Pfeffer zugeben und alles gut vermischen. Die Brätmasse in acht Portionen teilen und jede mit leicht bemehlten Händen zu einer Kugel formen.

3. Frischhaltefolie auf die Arbeitsfläche legen und leicht bemehlen. Eine Brätkugel darauflegen, mit etwas Mehl bestäuben, mit Frischhaltefolie abdecken und zu einem Kreis (Ø 14 cm) ausrollen. Das Brät um ein Ei legen und gut zusammendrücken. Es dürfen dabei keine Löcher oder Lücken entstehen. Alle weiteren Eier ebenso einpacken und 15 Minuten kühl stellen.

4. Inzwischen das Öl in einer Fritteuse oder einem großen Topf auf 180 °C erhitzen. Die Eier zuerst im Mehl, dann im verquirlten Ei und schließlich in der Panade wenden. Die Panade gut andrücken, damit sie schön knusprig wird. Die Eier in 8–9 Minuten knusprig und goldbraun frittieren, auf Küchenpapier entfetten und warm zu Salat servieren.

Knusprige Hähnchenschenkel mit Parmesan

Kinder lieben alles knusprig Panierte. Ehrlich gesagt: Uns geht es da nicht anders!

FÜR 8 PERSONEN

2 Eier (Größe M)
Salz
2 Knoblauchzehen, geschält
200 g frische Semmelbrösel
100 g Butter, zerlassen
100 g Parmesan, gerieben
4 EL krause Petersilie, gehackt
Schwarzer Pfeffer
16 Hähnchenschenkel à 100 g, ohne Haut
4 EL Sonnenblumenöl

1. Den Backofen auf 190 °C (Umluft 170 °C) vorheizen. Die Eier mit ½ Teelöffel Salz verschlagen, den Knoblauch dazupressen. In einer Schüssel Brösel, Butter, Parmesan, Petersilie, ½ Teelöffel Salz und Pfeffer mischen. Die Hähnchenschenkel nacheinander erst im Ei, dann in der Panade wälzen. Die Panade gut andrücken.

2. Das Öl in einer großen beschichteten Pfanne erhitzen. Je vier Schenkel auf einmal hineingeben, in 2 Minuten bei mittlerer Hitze unten goldbraun braten und auf den Backofenrost legen. Den Rost über einer Fettpfanne auf der oberen Schiene in den Ofen schieben und die Schenkel in 30–35 Minuten knusprig braten. Heiß oder kalt servieren.

Blumenkohl-Käse-Kuchen mit karamellisierten Zwiebeln

FÜR 10–12 PERSONEN

Fett für die Form
1 EL Polentagrieß
2 EL Olivenöl
2 große rote Zwiebeln, geschält, in Spalten
Röschen von 1 großen Blumenkohl (ca. 700 g)
Salz
150 g Weizenmehl
1 TL Backpulver
½ TL gemahlene Kurkuma
1½ TL Fenchelsamen, grob gemörsert
10 Eier (Größe L)
75 g Butter, zerlassen
150 g würziger Käse (z. B. Cheddar), gerieben
200 g milder Käse (z. B. Caerphilly), gerieben
1 Bund Petersilie, gehackt

1. Den Backofen auf 180 °C (Umluft 160 °C) vorheizen. Den Boden einer gefetteten Springform (Ø 24 cm) mit Backpapier auslegen und die Form mit Polenta ausstreuen.

2. Das Olivenöl in einer Pfanne erhitzen. Die Zwiebelspalten darin bei geringer Hitze in 15–20 Minuten weich braten und leicht karamellisieren.

3. Inzwischen die Blumenkohlröschen in reichlich kochendem Salzwasser in 8–10 Minuten garen, abgießen, abtropfen und abkühlen lassen.

4. Mehl, Backpulver, Kurkuma und ½ Teelöffel Salz in eine große Schüssel sieben. Die Fenchelsamen untermischen. Die Eier verschlagen, zugeben und alles glatt rühren. Flüssige Butter, Zwiebeln, den würzigen und 150 g milden Käse, Blumenkohl und Petersilie untermischen.

5. Die Mischung in die Form geben und mit dem übrigen Käse bestreuen. Den Kuchen 45 Minuten backen. Mit Alufolie abdecken, wenn er zu sehr bräunt. Herausnehmen, 15 Minuten ruhen lassen, dann den Springformrand abnehmen und den Kuchen warm servieren.

Dieses Rezept für Zwiebel-Rosinen-Chutney ergibt genug für vier Gläser à 350 g. Es schmeckt nicht nur zu diesem Parfait toll, sondern auch zu Käse oder kaltem Braten.

Hähnchenleberparfait mit Zwiebel-Rosinen-Chutney

FÜR 8 PERSONEN

75 g Schalotten, geschält und fein gehackt

100 ml Madeira

100 ml roter Portwein

3 EL Apfelbranntwein (z. B. Calvados)

2 Stängel Thymian, Blättchen abgezupft

500 g Butter

750 g Hähnchenleber, geputzt

Je 1 Prise frisch geriebene Muskatnuss, gemahlene Nelken, gemahlener Zimt und gemahlener Piment

Salz, schwarzer Pfeffer

2 kleine Knoblauchzehen, geschält

Cornichons, Radieschen und Toast zum Servieren

FÜR DAS ZWIEBEL-ROSINEN-CHUTNEY:

100 g Rosinen

300 ml roter Portwein

120 ml Sonnenblumenöl

1,5 kg rote Zwiebeln, geschält, in dünnen Ringen

100 g Rohrohrzucker

120 ml Rotweinessig

Salz, schwarzer Pfeffer

1. Für das Chutney die Rosinen mit dem Portwein einmal aufkochen und beiseitestellen. Das Öl in einem großen Topf erhitzen und die Zwiebelringe darin bei geringer Hitze 30 Minuten unter gelegentlichem Rühren weich dünsten, bis sie leicht karamellisieren. Den Zucker zugeben und die Mischung weitere 30 Minuten köcheln lassen, dabei gelegentlich umrühren. Die Portweinrosinen und den Essig zufügen und erneut 30 Minuten köcheln, bis das Chutney eindickt. Alles mit ½ Teelöffel Salz und etwas Pfeffer würzen, in sterilisierte Gläser füllen und verschließen.

2. Für das Parfait den Backofen auf 130 °C (Umluft 115 °C) vorheizen. Schalotten, Madeira, Portwein, Branntwein und Thymian in einem kleinen Topf auf ein Viertel reduzieren. Inzwischen 350 g Butter schmelzen und etwas abkühlen lassen.

3. Die Hähnchenlebern kalt abspülen, trocken tupfen, mit der Schalottenreduktion, den Gewürzen, 1½ Teelöffeln Salz und reichlich Pfeffer in die Küchenmaschine geben. Den Knoblauch dazupressen und alles ca. 1 Minute glatt pürieren. Dann die Butter zugießen, kurz weitermixen und alles durch ein feines Sieb streichen.

4. Die Masse in eine mit Backpapier ausgelegte Terrinen- oder Kastenform (23 x 9 x 8 cm) füllen und mit einem Streifen gebuttertem Papier bedecken. Die Form in einen zur Hälfte mit kochendem Wasser gefüllten Bräter stellen, mit Alufolie bedecken und das Parfait im Ofen ca. 45 Minuten garen. Herausnehmen, abkühlen lassen und über Nacht kalt stellen.

5. Am nächsten Tag die übrige Butter zerlassen und vorsichtig über das Parfait gießen, dabei die Molke zurückbehalten. Das Parfait im Kühlschrank fest werden lassen. Zum Servieren aus der Form nehmen, das Papier entfernen, das Parfait dünn aufschneiden und mit Chutney, Toast, Cornichons und Radieschen servieren.

Brathähnchen ist eins unserer Lieblingsessen, aber nicht immer perfekt hinzukriegen. Deshalb ist Schmorhähnchen so toll: Es geht einfach, und das Fleisch bleibt auf jeden Fall saftig!

Apfel-Cider-Hähnchen

FÜR 4 PERSONEN

1 EL Sonnenblumenöl

1 Hähnchen (Freilandhaltung, ca. 1,5 kg)

Salz, schwarzer Pfeffer

175 g dicke Scheiben Frühstücksspeck (Bacon), in breiten Streifen

1 große Zwiebel, geschält und gehackt

8 kleine Knoblauchzehen, in dünnen Scheiben

2 Zweige Rosmarin, Nadeln grob gehackt

250 ml trockener Cider (ersatzweise Cidre)

150 ml Hühnerbrühe

4 kleine Äpfel (z.B. Cox Orange)

50 g zimmerwarme Butter

2 TL Zucker

Frisch geriebene Muskatnuss

15 g Weizenmehl

2 EL Crème double

1 EL Petersilie, gehackt

1. Den Backofen auf 180 °C (Umluft 160 °C) vorheizen. Das Öl in einem Bräter erhitzen, das Hähnchen kalt abspülen, trocken tupfen, innen und außen salzen und pfeffern. Im Öl von allen Seiten anbraten, herausnehmen und beiseitestellen. Den Speck im Bräter knusprig braten, die Zwiebel zugeben und bei mittlerer Hitze anschwitzen. Knoblauch und Rosmarin zufügen und 2–3 Minuten mitbraten.

2. Alles mit dem Cider ablöschen und bei hoher Temperatur um drei Viertel einkochen. Das Hähnchen wieder in den Bräter geben, die Brühe darübergießen und den Bräter erst mit Alufolie, dann mit dem Deckel verschließen. Alles im Ofen 1 Stunde schmoren.

3. Inzwischen die Äpfel schälen, vierteln und ohne Kerngehäuse in dicke Spalten schneiden. Die Spalten in 25 g Butter in einer Pfanne ein paar Minuten anbraten. Sobald sie braun werden, die Spalten wenden, mit Zucker und Muskat bestreuen und 2 weitere Minuten braten. Beiseitestellen.

4. Das fertig gegarte Hähnchen aus dem Bräter auf ein Brett legen, mit Alufolie abdecken und 10 Minuten ruhen lassen. Die Schmorflüssigkeit im Bräter bei mittlerer Hitze reduzieren. Die übrige Butter mit dem Mehl zugeben und unter Rühren ein paar Minuten köcheln lassen, bis die Flüssigkeit eindickt. Die Crème double unterrühren und die Sauce mit Salz und Pfeffer abschmecken. Petersilie und Apfelspalten untermischen. Das Hähnchen tranchieren, auf vier Teller verteilen und mit der Sauce servieren.

Coq au Vin ist ein wunderbares Rezept, aber wenn wir es hier in Somerset nachkochen, dann tun wir es mit heimischen Zutaten. Statt Burgunder oder Beaujolais verwenden wir daher oft einen fruchtigen Rotwein vom Weingut Polgoon in Cornwall.

> Für Hühnerbrühe die Hähnchenkarkasse samt Flügelspitzen und Innereien mit 1 Zwiebel, 1 Möhre, etwas Sellerie, 4 Lorbeerblättern, ein paar Pfefferkörnern und 1 Stängel Thymian in einem Topf mit Wasser bedecken, 1 Std. köcheln lassen und durch ein Sieb gießen.

Geschmortes Rotweinhähnchen mit Champignons und Speck

FÜR 4–6 PERSONEN

1 TL Olivenöl

200 g durchwachsener Räucherspeck, in Scheiben

1 Hähnchen (Freilandhaltung, ca. 2 kg), in 8 Stücke geteilt

Salz, schwarzer Pfeffer

100 g Butter

1 Zwiebel, in Ringen

1 große Möhre, geschält, in Scheiben

1½ Selleriestangen, in Scheiben

4 Knoblauchzehen, in Scheiben

4 EL Apfelbranntwein (z. B. Calvados)

700 ml fruchtiger Rotwein

Ca. 300 ml Hühnerbrühe

2 EL rotes Johannisbeergelee

1 EL Tomatenmark

4 frische Lorbeerblätter

1 großer Stängel Thymian

300 g Babymöhren, geputzt

300 g Perlzwiebeln oder kleine Schalotten, geschält

1 Prise Zucker

250 g kleine Champignons, geputzt

25 g Weizenmehl

1. Das Öl in einem Schmortopf erhitzen, den Speck darin knusprig auslassen und herausnehmen. Die Hähnchenteile kalt abspülen, trocken tupfen, salzen und pfeffern, im Speckfett rundum goldbraun anbraten und herausnehmen.

2. 15 g Butter, Zwiebel, Möhren- und Selleriescheiben sowie Knoblauch im Schmortopf braten, bis die Zwiebel gebräunt ist. Das Hähnchen wieder zugeben und die Temperatur erhöhen. Den Branntwein angießen, anzünden und abbrennen lassen. Alles mit dem Rotwein ablöschen und die Brühe zugießen. Gelee, Tomatenmark und Kräuter zugeben und das Hähnchen in ca. 1 Stunde zugedeckt weich schmoren.

3. Inzwischen 15 g Butter in einem kleinen Topf zerlassen und die Babymöhren darin mit 2 Esslöffeln Wasser, etwas Salz und Pfeffer zugedeckt in 6–8 Minuten garen. 20 g Butter in einem weiteren Topf erhitzen und die Perlzwiebeln darin mit 1 Prise Zucker, Salz und Pfeffer zugedeckt in 10–15 Minuten goldgelb braten.

4. Die fertigen Hähnchenteile auf einen Teller geben und zugedeckt warm halten. Die Schmorflüssigkeit durchsieben, erneut in den Topf geben, das Fett von der Oberfläche schöpfen und bei hoher Temperatur auf ca. 750 ml einkochen. Die Pilze in 25 g Butter bei hoher Temperatur in einer Pfanne unter Rühren in 2–3 Minuten anbraten, salzen und pfeffern.

5. Die übrige Butter mit dem Mehl in die Schmorflüssigkeit rühren und die Sauce 2–3 Minuten eindicken lassen. Hähnchenteile, Gemüse und Speck wieder in den Schmortopf geben, alles mit Salz und Pfeffer abschmecken, heiß werden lassen und zu neuen Kartoffeln servieren.

Unsere Mum hat das Hähnchen früher immer in einem emaillierten ovalen Schmortopf zubereitet. Das Ergebnis war supersaftig und zart. Wenn Sie keinen solchen Topf besitzen, nehmen Sie einen Bräter und decken Sie ihn mit Alufolie ab.

Brathähnchen mit Thymian, Zitrone und Knoblauch

FÜR 4–6 PERSONEN

1 Hähnchen (Freilandhaltung, ca. 2 kg)

Salz, schwarzer Pfeffer

1 Bio-Zitrone, halbiert

4 Stängel Thymian

4 frische Lorbeerblätter

1 EL Sonnenblumenöl, plus Öl zum Braten

1 kleine Knoblauchknolle, in Zehen geteilt

450 g grobe Schweinswürstchen

250 ml Hühnerbrühe

1 EL Weizenmehl

12 Scheiben Frühstücksspeck (Bacon), aufgerollt

FÜR DIE BROTSAUCE:

600 ml Vollmilch

1 Zwiebel, halbiert und mit 15–18 Nelken gespickt

1 frisches Lorbeerblatt

8 schwarze Pfefferkörner

100 g frische Semmelbrösel

25 g Butter

2 EL Crème double

1. Für die Brotsauce die Milch mit Zwiebel, Lorbeer und Pfefferkörnern aufkochen und ziehen lassen. Den Backofen auf 190 °C (Umluft 170 °C) vorheizen.

2. Das Hähnchen kalt abspülen, trocken tupfen, innen und außen salzen und pfeffern und mit Zitrone, Thymian und Lorbeer füllen. Mit Küchengarn in Form binden und mit Öl beträufeln. Das Hähnchen in einem Schmortopf auf die ungeschälten Knoblauchzehen legen und 2–3 mm hoch Wasser angießen. Das Hähnchen im geschlossenen Topf 1 Stunde 15 Minuten schmoren.

3. Die Ofentemperatur auf 220 °C (Umluft 200 °C) erhöhen und den Deckel des Schmortopfs abnehmen. Die Würstchen mit Öl in eine ofenfeste Form geben, dazustellen und alles 15 Minuten weiterschmoren. Das Hähnchen herausnehmen, zugedeckt auf ein Brett legen und 15 Minuten ruhen lassen. Die Würstchen 10–15 Minuten weiterbraten, dann aus dem Ofen nehmen. Die Milch für die Sauce aufkochen, durch ein Sieb gießen und mit Semmelbröseln und Butter verrühren.

4. Inzwischen die Grillfunktion zuschalten. Das Hähnchenfett weggießen. Den Bratensatz bei mittlerer Hitze mit etwas Brühe ablöschen und mit einem Löffel lösen. Das Mehl zugeben, 1 Minute anschwitzen, die übrige Brühe unter Rühren zugießen und dabei den Knoblauch zerdrücken. Alles 5 Minuten kochen, dann durch ein Sieb in einen sauberen Topf gießen und mit Salz und Pfeffer würzen.

5. Den Speck unter dem Grill knusprig braten, dabei einmal wenden. Das Hähnchen zerteilen und austretenden Fleischsaft zur Bratensauce gießen. Die Brotsauce erneut erhitzen, die Crème double unterrühren und alles mit Salz und Pfeffer würzen. Das Hähnchen mit Beilagen und beiden Saucen servieren.

Dieses Rezept wirkt wie ein typischer Bauerngarten auf dem Teller: Radieschen, Tomaten, junge Rote Bete, Frühlingszwiebeln, Gurke, neue Kartoffeln und Salat – alles frisch und lecker.

Lauwarmer Hähnchensalat mit Estragondressing

FÜR 6 PERSONEN:

1 Hähnchen (Freilandhaltung, ca. 1,75 kg)

1 Rezept weiche Estragon-Knoblauch-Butter (siehe S. 17)

4 große Knoblauchzehen, angedrückt

1 EL Olivenöl, plus Öl für den Bräter

Salz, schwarzer Pfeffer

500 g neue Kartoffeln

4 Eier (Größe L)

Blätter von 3 Salatherzen

6 kleine gegarte Rote Beten, geschält und in Spalten

½ Salatgurke, geschält, halbiert, in dicken Scheiben

6 kleine reife Strauchtomaten, in Scheiben

1 Bund Frühlingszwiebeln, geputzt und halbiert

1 Bund Radieschen, geputzt und halbiert

FÜR DAS ESTRAGONDRESSING:

150 g gute Mayonnaise

½ TL scharfer Senf

1 EL Estragon- oder Weißweinessig

3 EL Sahne

1 EL gehackter Estragon

1 Prise feiner Zucker

1. Den Backofen auf 200 °C (Umluft 180 °C) vorheizen. Das Hähnchen kalt abspülen, trocken tupfen, auf die Brustseite legen, mit einer Geflügelschere entlang des Rückgrats einschneiden, aufklappen, umdrehen und flach drücken. Mit den Fingern die Haut überall bis zum unteren Ende der Schenkel vom Fleisch lösen und die Estragonbutter teelöffelweise darunterschieben. Die Butter von außen verteilen. Die Haut an der Halsöffnung mit einem dünnen Holzstäbchen verschließen.

2. Die angedrückten Knoblauchzehen in die Mitte eines leicht geölten Bräters geben und das Hähnchen mit der Hautseite nach oben darauflegen. Das Hähnchen einölen, salzen und pfeffern und 35–40 Minuten braten, bis beim Einstechen an der dicksten Stelle des Schenkels klarer Fleischsaft austritt. Das Hähnchen mit Alufolie abgedeckt 15–20 Minuten abkühlen lassen.

3. Inzwischen die Kartoffeln in reichlich Wasser gar kochen. Die Eier in kochendes Wasser geben und in 8 Minuten hart kochen. Alle Zutaten für das Dressing verrühren.

4. Die Kartoffeln abgießen und halbieren. Die Eier pellen und vierteln. Das Hähnchenfleisch vom Knochen lösen. Die Salatblätter auf eine große Platte geben und Hähnchen, Kartoffeln, Eier, Rote Bete, Gurke, Tomaten, Frühlingszwiebeln und Radieschen darauf verteilen. Etwas Dressing darüberträufeln, den Rest in einer Schüssel separat dazu reichen.

VOM GEFLÜGELHOF

Wir lieben Wildpilze – vor allem dann, wenn wir selbst losgehen und sammeln können. Aber manchmal muss es der gute alte Champignon sein – so wie hier.

Hähnchen-Pilz-Lasagne

FÜR 6–8 PERSONEN

Salz

9 Lasagneblätter (ca. 175 g)

1 EL Olivenöl

30 g Butter, plus Butter für die Form

300 g braune Champignons, geputzt, in dicken Scheiben

Schwarzer Pfeffer

Fleisch von 1 großen Grillhähnchen (ca. 600 g), in mundgerechten Stücken

50 g Parmesan, gerieben

FÜR DIE SAUCE:

1 kleine Zwiebel, geschält und halbiert

4 Nelken

1 l Vollmilch

2 frische Lorbeerblätter

2 Stängel Thymian

1 TL schwarze Pfefferkörner, grob zerstoßen

75 g Butter

65 g Weizenmehl

1½ TL frisch geriebene Muskatnuss

50 g Crème double

1. Für die Sauce die Zwiebelhälften mit den Nelken spicken und mit Milch, Lorbeer, Thymian und Pfeffer in einem Topf aufkochen. Vom Herd nehmen und mindestens 20 Minuten ziehen lassen.

2. In einem großen Topf reichlich Salzwasser aufkochen. Die Milch erneut zum Kochen bringen und durch ein Sieb gießen. Die Butter in einem Topf zerlassen, das Mehl zugeben und 2–3 Minuten bei geringer Hitze anschwitzen. Vom Herd nehmen und nach und nach die Milch einrühren. Die Mischung unter Rühren aufkochen und bei niedriger Temperatur 10 Minuten unter gelegentlichem Rühren köcheln lassen. Den Backofen auf 200 °C (Umluft 180 °C) vorheizen.

3. Die Lasagneblätter nacheinander in das kochende Salzwasser legen, das Öl zugeben und die Pasta in ca. 12 Minuten al dente kochen. Abgießen, kalt abschrecken und nebeneinander auf Frischhaltefolie auslegen.

4. Muskat und Crème double in die Sauce rühren. Die Butter in einer Pfanne erhitzen, die Pilze hineingeben, salzen und pfeffern und bei hoher Temperatur 3–4 Minuten unter Rühren anbraten, bis die Flüssigkeit verdampft ist. Die Pilze mit dem Fleisch unter die Sauce rühren und alles mit Salz und Pfeffer abschmecken.

5. Eine flache Auflaufform (ca. 20 x 25 cm) buttern und mit 3 Lasagneblättern auslegen. Ein Drittel der Füllung darauf verteilen und mit Nudelplatten bedecken. Die übrigen Zutaten ebenso einschichten, dabei mit der Füllung abschließen. Mit Parmesan bestreuen.

6. Die Lasagne in 30–35 Minuten goldgelb backen und mit Blattsalat und geröstetem Knoblauchbrot servieren.

Bei uns gibt es viele Enten: Sie laufen auf dem Hof herum oder schwimmen auf unserem kleinen Teich. Dieses Rezept schmeckt mit Hausentenbrust genauso gut wie mit der wilden Variante.

Gebratene Entenbrust mit Johannisbeer-Orangen-Sauce

FÜR 4 PERSONEN

2 große Bio-Orangen
25 g brauner Zucker
2 EL Rotweinessig
150 ml Hühnerbrühe oder Entenfond
1 EL rotes Johannisbeergelee
2 EL Zitronensaft
1 EL Orangenlikör (z. B. Grand Marnier), nach Belieben
¾ TL Pfeilwurzelstärke
Salz, schwarzer Pfeffer
4 Entenbrüste à 175–200 g
50 g frische Rote Johannisbeeren, entstielt

1. Ein Viertel der Schale von 1 Orange dünn abschälen und in feine Streifen schneiden (oder mit einem Zestenreißer abziehen). Die Zesten 5 Sekunden in kochendem Wasser blanchieren, abgießen, kalt abschrecken und auf Küchenpapier trocknen. Beide Orangen auspressen und 150 ml Saft abmessen.

2. Den Zucker im Essig in einem kleinen Topf bei geringer Hitze auflösen, dann aufkochen und zu bernsteinfarbenem Karamell reduzieren. Vorsichtig Brühe oder Fond, Gelee und Orangensaft zugeben, aufkochen und bei mittlerer Hitze auf die Hälfte einkochen. Zitronensaft und Likör einrühren. Die Stärke in 2 Esslöffeln kaltem Wasser auflösen, in die Sauce rühren und 1 Minute köcheln. Orangenzesten zugeben und die Sauce mit Salz und Pfeffer würzen.

3. Die Entenbrüste kalt abspülen, trocken tupfen, auf der Hautseite schräg gitterförmig einritzen, dabei nicht ins Fleisch schneiden. Die Brüste rundum mit Salz und nur auf der Fleischseite mit Pfeffer würzen. Eine schwere Pfanne ohne Fett stark erhitzen, die Entenbrüste mit der Hautseite hineinlegen und bei mittlerer Hitze 4 Minuten anbraten, bis die Haut goldbraun und knusprig ist. Die Brüste wenden und 5 Minuten (sie sind dann innen rosa) oder nach Belieben länger braten.

4. Das Fleisch herausnehmen und mit Alufolie abgedeckt 5 Minuten ruhen lassen. Dann diagonal in lange, dünne Scheiben schneiden und auf vorgewärmten Tellern verteilen. Die Johannisbeeren unter die Sauce rühren, die Sauce erneut aufkochen und auf dem Fleisch verteilen. Dazu passen Erbsen, sahniges Kartoffelpüree und Blattsalat.

Bei unserer Großmutter gab es früher zu Weihnachten immer Gans – eine wunderbare Tradition!

Honigglasierte Gans mit Portweinsauce und Gewürzapfelkompott

> Beim Braten der Gans tritt viel hocharomatisches Fett aus – toll für Röstkartoffeln: Legen Sie die Gans im Bräter einfach auf eine Schicht Kartoffeln. Sie werden knusprig und sehr, sehr lecker.

FÜR 8 PERSONEN

1 küchenfertige Gans (ca. 4,5 kg), ohne Innereien und überschüssiges Fett

Salz, schwarzer Pfeffer

1 kleines Bund Salbei

3 EL flüssiger Honig

FÜR DIE PORTWEINSAUCE:

1 kleine Zwiebel, geschält und grob gehackt

1 Möhre, geschält und grob gehackt

25 g Butter

1 EL Weizenmehl

150 ml roter Portwein

900 ml Hühnerbrühe

Salz, schwarzer Pfeffer

FÜR DAS APFELKOMPOTT:

50 g Butter

200 g Cox-Orange-Äpfel, geschält, geviertelt und ohne Kerngehäuse grob zerteilt

450 g Boskop-Äpfel, geschält, geviertelt und ohne Kerngehäuse grob zerteilt

Abrieb von ½ kleinen Bio-Zitrone

25 g feiner Zucker

½ TL frisch geriebene Muskatnuss

8 Nelken

1. Den Backofen auf 220 °C (Umluft 200 °C) vorheizen. Die Gans kalt abspülen, trocken tupfen, innen salzen und pfeffern, außen nur salzen. Den Salbei in die Bauchhöhle schieben. Die Gans mit Küchengarn in Form binden, auf dem Rost über einer Fettpfanne in den Ofen schieben und 30 Minuten braten. Die Temperatur auf 180 °C (Umluft 160 °C) herunterschalten. Die Gans herausnehmen, das Fett aus der Fettpfanne in eine Schüssel gießen. Alles zurück in den Ofen geben und insgesamt 1 Stunde 30 Minuten weiterbraten, dabei nach 30 Minuten erneut das Fett abgießen und die Gans nach weiteren 30 Minuten mit dem Honig bepinseln. Die Gans ist fertig, sobald beim Einstechen an der dicksten Keulenstelle klarer Fleischsaft austritt.

2. Inzwischen für die Portweinsauce die Zwiebel in 1 Esslöffel Gänsefett in einem Topf braun braten. Die Möhre zugeben und mitbraten, dann Butter und Mehl einrühren und anschwitzen. Nach und nach Portwein und Brühe zugießen, aufkochen und bei hoher Temperatur einkochen, bis die Sauce eindickt. Durch ein Sieb gießen, mit Salz und Pfeffer würzen und warm halten.

3. Für das Apfelkompott die Butter in einem Topf zerlassen. Äpfel, Zitronenabrieb, Zucker und Gewürze zugeben und alles zugedeckt 5–10 Minuten köcheln lassen, bis die Äpfel anfangen zu zerfallen. Abschmecken und warm halten.

4. Die fertige Gans aus dem Ofen nehmen, den Bratensaft aus der Bauchhöhle unter die Portweinsauce rühren und die Gans mit Alufolie abgedeckt 15–20 Minuten ruhen lassen. Die Gans auf eine große, vorgewärmte Platte legen. Zum Tranchieren die Keulen abtrennen, am Gelenk zerteilen und das Fleisch von den Knochen schneiden. Die Brüste im Ganzen auslösen und längs in dünne Scheiben schneiden. Das Fleisch mit Kompott, Sauce und Gemüse nach Wahl servieren.

Von der Weide

Irgendwo (vielleicht sogar in der Schule, wer weiß?) haben wir mal gehört, dass sämtliches Leben auf der Erde von den obersten 15 Zentimetern des Bodens abhängt. Daher setzen wir alles daran, unseren Boden gesund zu erhalten. Natürlich so nachhaltig wie möglich, so wie alles hier bei Yeo Valley. Wir glauben daran, dass unsere Milchprodukte deshalb so gut schmecken. Vom Fleisch gar nicht zu reden ...

Unsere Weiden sind wie große Sonnenkollektoren.

Mithilfe von Sonnenenergie bindet unser kleereiches Weidegras Luftstickstoff im Boden.

Der wiederum lässt das perfekte Weidefutter für unsere Rinder üppig sprießen.

Je nachdem, wie stark das Fleisch gepökelt wurde, muss es vor dem Kochen gewässert werden – fragen Sie Ihren Metzger. Und gießen Sie das Kochwasser nicht weg: Es ergibt eine tolle Brühe für Suppe oder Eintopf.

Rindfleisch-Sandwich mit senfiger Sauce tartare

FÜR 8 PERSONEN:

1 gepökelte Ochsenbrust (ca. 2 kg; beim Metzger vorbestellen)

2 Möhren, halbiert

4 Selleriestangen, geviertelt

1 große Zwiebel, geviertelt

1 kleines Bund Petersilie

1 kleines Bund Thymian

6 Lorbeerblätter

8 Nelken

1 EL schwarze Pfefferkörner, grob zerstoßen

FÜR DIE SAUCE TARTARE:

150 g gute Mayonnaise

50 g griechischer Joghurt

1 EL scharfer Senf

50 g Cornichons, fein gehackt

25 g Kapern, gehackt

1 EL krause Petersilie, gehackt

½ TL Apfelessig

ZUM SERVIEREN:

16 Scheiben Roggenmischbrot

Butter zum Bestreichen

Salatblätter

Salatgurke oder Essiggurke in Scheiben

1. Die Ochsenbrust, falls nötig, 24 Stunden wässern, dabei das Wasser gelegentlich wechseln. Anderenfalls das Fleisch nur kalt abspülen.

2. Das Fleisch in einen sehr großen Topf legen und mit so viel Wasser bedecken, dass es mindestens 8 cm darübersteht. Alles aufkochen und bei niedriger Temperatur 20 Minuten leise köcheln lassen. Damit das Fleisch zart wird, sollten dabei nur gelegentlich Blasen aufsteigen. Den Schaum von der Oberfläche schöpfen und die übrigen Zutaten zugeben. Alles 2 Stunden 40 Minuten weiterköcheln. Falls nötig, zwischendurch kochendes Wasser nachgießen, sodass das Fleisch immer bedeckt bleibt. Es ist fertig, sobald es sich auf Gabeldruck weich anfühlt. Die fertige Ochsenbrust vom Herd nehmen und 30 Minuten in der Brühe abkühlen lassen.

3. Inzwischen alle Zutaten für die Sauce tartare verrühren. 8 Scheiben Brot buttern und mit der Sauce bestreichen. Das Fleisch aus der Brühe heben und gegen die Faserrichtung in dünne Scheiben schneiden. Die Brote damit belegen, mit Salat und Gurkenscheiben garnieren und mit weiteren 8 Brotscheiben bedecken. Die Sandwiches etwas zusammendrücken, halbieren und warm servieren.

Unser Hof liegt nur einen Steinwurf von der Butcombe-Brauerei entfernt, und von dort bekommen wir das Bier für dieses Rezept. Es funktioniert aber mit jedem dunklen Bier.

Biergeschmortes Rinderragout mit Teigkruste

FÜR 6 PERSONEN

1 kg Rindfleisch (z. B. Nacken), 4 cm groß gewürfelt

Salz, schwarzer Pfeffer

5 EL Sonnenblumenöl

200 g Räucherspeck, gewürfelt

500 ml Rinderbrühe

250 g braune Champignons

25 g Butter

2 Zwiebeln, in Ringen

1 TL Zucker

3 Knoblauchzehen, geschält

20 g Weizenmehl

500 ml dunkles Bier

3 Stängel Thymian

4 frische Lorbeerblätter

3 EL Worcestersauce

FÜR DIE TEIGKRUSTE:

165 g Weizenmehl

1 EL Backpulver

½ TL Salz

90 g kalte Butter, in Stücken

1 EL Thymianblättchen

1 EL Petersilie, gehackt

50 g Käse (z. B. Cheddar), gerieben

1 Ei (Größe M)

2 EL saure Sahne

Ca. 100 ml Vollmilch

1. Das Fleisch kalt abspülen, trocken tupfen, salzen und pfeffern. 3 Esslöffel Öl in einem Schmortopf stark erhitzen, den Speck darin auslassen und herausnehmen. Das Fleisch im Speckfett portionsweise bei mittlerer Hitze anbraten und wieder herausnehmen.

2. Den Bratensatz im Topf mit der Hälfte der Brühe ablöschen, mit einem Löffel lösen und wieder zur übrigen Brühe geben. Die Pilze in der Hälfte der Butter im Schmortopf 1–2 Minuten anbraten und zum Fleisch geben. Die Zwiebeln in übrigem Öl und übriger Butter mit dem Zucker unter Rühren in 15–20 Minuten karamellisieren. Den Knoblauch dazupressen und 1 Minute mitbraten.

3. Das Mehl einrühren und anschwitzen, dann mit Bier und Brühe ablöschen. Thymianblättchen abstreifen und mit Lorbeer und Worcestersauce zugeben. Alles unter Rühren aufkochen. Fleisch, Speck und Pilze in den Schmortopf zurückgeben, die Mischung mit Salz und Pfeffer würzen und 1 Stunde 30 Minuten bis 2 Stunden bei geringer Hitze schmoren, bis das Fleisch zart und die Sauce eingedickt ist. Lorbeer entfernen und das Ragout in eine flache Auflaufform füllen. Den Backofen auf 180 °C (Umluft 160 °C) vorheizen.

4. Für die Teigkruste Mehl, Backpulver und Salz in eine Schüssel sieben. Die Butter zugeben und alles mit den Fingern krümelig reiben. Kräuter und Käse untermischen. Ei und Sahne in einen Messbecher geben, mit Milch auf 180 ml auffüllen und alles unter die Mehlmischung rühren. Den Teig in Häufchen entlang des Randes der Auflaufform setzen und alles im Ofen 35–40 Minuten backen, bis der Teig aufgegangen und goldbraun ist.

VON DER WEIDE

Mary, unsere Mutter, sagt immer: „Fett ist Geschmacksträger." Wenn Sie also Rindfleisch kaufen, nehmen Sie schön marmoriertes. Ihre Gäste werden es Ihnen danken.

> Die Garzeit richtet sich nach dem Fleischgewicht: 15 Minuten pro 500 g für medium gegarten Braten.

Ribeye-Braten mit Senfkruste und Yorkshire Pudding

FÜR 8 PERSONEN

1 Zwiebel, in Ringen

4 Möhren, geschält, in dicken Scheiben

1 Ribeye-Braten vom Rind (2 Rippen, ca. 3 kg)

Etwas Sonnenblumenöl

Salz, schwarzer Pfeffer

2 EL Weizenmehl

2 TL englisches Senfpulver (ersatzweise fein gemörserte Senfkörner)

FÜR DEN YORKSHIRE-PUDDING:

225 g Weizenmehl

½ TL Salz

4 Eier (Größe M)

300 ml Vollmilch

Schmalz, falls notwendig

FÜR DIE BRATENSAUCE:

25 g Weizenmehl

600 ml Rinderbrühe

100 ml Rotwein (ersatzweise Rinderbrühe), nach Belieben

Salz, schwarzer Pfeffer

1. Den Backofen auf 230 °C (Umluft 205 °C) vorheizen. Zwiebel und Möhrenstücke in der Mitte eines großen Bräters verteilen. Das Fleisch kalt abspülen, trocken tupfen, mit etwas Öl einreiben, die Schnittflächen salzen und pfeffern und das Fett mit einem scharfen Messer gitterförmig einritzen. Mehl, Senfpulver, ½ Teelöffel Salz und 2 TL Pfeffer mischen und auf die Fettseite drücken. Den Braten auf das Gemüse setzen und im Ofen 20 Minuten braten. Die Temperatur auf 170 °C (Umluft 155 °C) reduzieren und den Braten 1 Stunde 10 Minuten weiterrösten.

2. Inzwischen für den Yorkshire-Pudding Mehl und Salz in eine Schüssel sieben. Eine Mulde hineindrücken, Eier, Milch und 150 ml Wasser zufügen und alles glatt rühren. Den Teig 30 Minuten ruhen lassen.

3. Das Fleisch auf einem Brett mit Alufolie zugedeckt 30 Minuten ruhen lassen. Die Ofentemperatur auf 220 °C (Umluft 200 °C) heraufschalten. Das Fett aus dem Bräter falls nötig mit zerlassenem Schmalz auf 2 Esslöffel ergänzen. Mit ½ Teelöffel davon die Mulden einer 12er-Muffinform fetten und die Form im Ofen stark erhitzen. Vorsichtig herausnehmen, jede Mulde zu drei Vierteln mit Teig füllen und die Puddinge im Ofen 25–30 Minuten backen, bis sie gut aufgegangen, knusprig und goldbraun sind.

4. Inzwischen für die Bratensauce das Fett im Bräter bei mittlerer Temperatur erhitzen und das Mehl einrühren. Mit etwas Brühe ablöschen und dabei den Bratensatz durch Rühren lösen. Nach und nach die übrige Brühe und den Wein (falls verwendet) zugießen. Alles aufkochen und köcheln lassen, bis die Sauce angedickt und aromatisch ist. Die Sauce durch ein Sieb gießen und mit Salz und Pfeffer würzen. Das Fleisch dünn aufschneiden, den Fleischsaft unter die Sauce rühren. Zusammen mit dem Yorkshire Pudding servieren.

Unsere Version des britischen Klassikers hat reichlich Aroma. Voraussetzung: gutes Rinderhack mit mindestens 10 % Fett – und reichlich Worcestersauce!

Cottage-Pie mit Graupen

FÜR 6 PERSONEN

100 g Gerstengraupen

600 ml Rinderbrühe

Salz

3 EL Sonnenblumenöl

150 g durchwachsener Speck, fein gewürfelt

1 große Zwiebel, geschält und fein gewürfelt

350 g Möhren, geschält und fein gewürfelt

1 große Selleriestange, fein gehackt

2 Knoblauchzehen, geschält

1,25 kg Rinderhackfleisch

1 EL Thymianblättchen

3 EL Worcestersauce

1 EL Tomatenmark

2 TL scharfer Senf

150 ml Rotwein

Schwarzer Pfeffer

FÜR DIE KARTOFFELHAUBE:

1,75 kg mehligkochende Kartoffeln, geschält und gewürfelt

75 g Butter

4–5 EL saure Sahne oder Crème fraîche

Salz, schwarzer Pfeffer

Frisch geriebene Muskatnuss

1. Die Graupen in der Brühe mit ¼ Teelöffel Salz in 25 Minuten zugedeckt gar kochen.

2. Inzwischen das Öl in einem Topf erhitzen und den Speck darin auslassen. Die Zwiebel zugeben und zugedeckt bei mittlerer Hitze in 5 Minuten glasig schwitzen. Möhren und Sellerie zufügen, den Knoblauch dazupressen und alles weitere 5 Minuten zugedeckt Farbe nehmen lassen.

3. Das Hackfleisch zugeben und bei hoher Temperatur in 3–4 Minuten krümelig braten. Die Graupen mitsamt Brühe sowie Thymian, Worcestersauce, Tomatenmark, Senf und Wein zufügen und alles 25–30 Minuten köcheln, bis ein Teil der Flüssigkeit verdampft ist und die Mischung eindickt. Den Backofen auf 200 °C (Umluft 180 °C) vorheizen.

4. Inzwischen die Kartoffeln in reichlich Salzwasser in 15–20 Minuten weich kochen, abgießen und im Topf zu Püree zerstampfen oder durch die Kartoffelpresse drücken. Butter und saure Sahne einrühren und das Püree mit Salz, Pfeffer und Muskat würzen.

5. Das Ragout mit Salz und Pfeffer abschmecken und in eine große Auflaufform füllen. Das Kartoffelpüree daraufgeben, gleichmäßig verteilen und die Oberfläche mit einer Gabel etwas aufrauen. Den Pie im Ofen in 35–40 Minuten goldbraun backen.

Schweinebraten mit Butteräpfeln, Zitronenmöhren und Apfelweinsauce

FÜR 6–8 PERSONEN

2 TL schwarze Pfefferkörner

3 Knoblauchzehen, geschält

Je 1 EL gehackter frischer Rosmarin, Thymian und Salbei

1 EL Fleur de Sel, plus Fleur de Sel zum Bestreuen

2 EL Olivenöl, plus Olivenöl zum Einreiben

2,5 kg Schweinebauch ohne Knochen, Schwarte parallel mit 1 cm Abstand eingeritzt

2 große Zwiebeln, geschält und in Ringen

1 EL Weizenmehl

150 ml trockener Cider (ersatzweise Cidre)

150 ml Hühnerbrühe

FÜR DIE BUTTERÄPFEL:

8 kleine Äpfel, geschält

50 g Butter

4 TL feiner Zucker

¼ TL frisch geriebene Muskatnuss

¼ TL Zimt

FÜR DIE ZITRONENMÖHREN:

750 g Möhren, geschält, in dicken Scheiben

25 g Butter

1 EL feiner Zucker

1 EL Zitronensaft

Salz, schwarzer Pfeffer

1 EL gehackte Petersilie

1. Die Pfefferkörner im Mörser andrücken, den Knoblauch dazupressen und mit Kräutern, Fleur de Sel und Öl vermischen. Den Schweinebauch kalt abspülen, trocken tupfen, die Fleischseite mit der Paste einreiben und 1 Stunde marinieren.

2. Den Backofen auf 230 °C (Umluft 205 °C) vorheizen. Die Zwiebeln in einem Bräter verteilen und 1 cm hoch Wasser angießen. Die Schwarte des Schweinebauchs mit Öl einreiben und mit Fleur de Sel bestreuen. Den Schweinebauch mit der Schwarte nach oben auf einem Rost über dem Bräter in den Ofen schieben und 10 Minuten braten, dann die Temperatur auf 170 °C (Umluft 155 °C) reduzieren und das Fleisch 2 Stunden 30 Minuten weiterbraten. Falls nötig, etwas Wasser angießen, damit die Zwiebeln nicht anbrennen.

3. Die Äpfel ohne Kerngehäuse vierteln und in einer ofenfesten Pfanne in der Butter bei hoher Temperatur unter gelegentlichem Wenden goldbraun braten. Zucker und Gewürze untermischen und alles im Ofen 15 Minuten mitrösten.

4. Die Zwiebeln aus dem Ofen nehmen und die Hitze auf 230 °C (Umluft 205 °C) heraufschalten. Die Schwarte in 15–20 Minuten knusprig braten.

5. Die Möhren knapp gar kochen, abgießen und mit Butter, Zucker, Zitronensaft, ½ Teelöffel Salz und Pfeffer 2–3 Minuten durchschwenken. Zum Schluss die Petersilie zugeben.

6. Den Schweinebauch auf einem Brett 10 Minuten ruhen lassen. So viel Fett wie möglich aus dem Bräter abgießen, dann den Bräter mit den Zwiebeln auf dem Herd erhitzen. Das Mehl einrühren, mit Cider und Brühe ablöschen und etwas einkochen lassen. Die Sauce abschmecken und durch ein Sieb gießen. Den Schweinebauch von der Fleischseite aus aufschneiden und mit den Möhren und Äpfeln servieren.

Wir pressen unseren eigenen Cider, und zwar so viel, dass wir gar nicht alles trinken können. Umso besser, wenn etwas zum Kochen übrig bleibt! Zum Beispiel für diesen wunderbaren Schinken.

Glasierter Orangenschinken mit Kartoffelgratin

FÜR 8 PERSONEN
(MIT RESTEN ZUM KALTESSEN)

4 kg gepökelter, entbeinter Schweineschinken

Mind. 3 l trockener Cider (ersatzweise Cidre)

2 große Möhren, geschält und geviertelt

2 große Zwiebeln, geschält und halbiert

2 große Selleriestangen, geviertelt

12 Nelken

2 TL Koriandersamen

1 TL schwarze Pfefferkörner

5 frische Lorbeerblätter

Salz, schwarzer Pfeffer

FÜR DIE ORANGENGLASUR:

8 EL Orangenmarmelade

6 EL brauner Zucker

¼ TL gemahlene Nelken

Ca. 40 Nelken

FÜR DAS KARTOFFELGRATIN:

600 ml Vollmilch

600 g Crème double

Frisch geriebene Muskatnuss

Salz, schwarzer Pfeffer

2 kg mehligkochende Kartoffeln, geschält, in 5 mm dicken Scheiben

Butter für die Form

200 g Käse (z. B. Cheddar), gerieben

1. Den Schinken mit Wasser bedeckt 24 Stunden ruhen lassen, dabei gelegentlich das Wasser wechseln. Testweise ein kleines Stück abschneiden, ein paar Minuten in Wasser kochen und probieren: Wenn es sehr salzig ist, den Schinken weiter wässern.

2. Einen Teller umgekehrt in einen großen Topf legen, den Schinken daraufsetzen und mit Wasser bedecken. Aufkochen, abgießen, wieder in den Topf geben und mit dem Cider bedecken (falls nötig mit Wasser auffüllen). Alles zum Kochen bringen. Gemüse, Gewürze und Lorbeer zugeben und bei niedriger Temperatur 1 Stunde 30 Minuten köcheln lassen. Gegen Ende der Garzeit das Fleisch mit einer Fleischgabel einstechen: Wenn sie sich leicht wieder herausziehen lässt und sich auch am Ende heiß anfühlt, ist der Schinken gar. Das Fleisch im Kochsud etwas abkühlen lassen, herausheben, falls nötig das Küchengarn entfernen und die Schwarte ohne das Fett abschneiden.

3. Inzwischen für das Gratin Milch und Crème double aufkochen und mit Muskat, Salz und Pfeffer würzen. Alles aufkochen, die Kartoffeln zufügen und 10 Minuten köcheln, dabei gelegentlich umrühren. Alles in eine gebutterte Auflaufform (2,25 l Fassungsvermögen) geben und mit dem Käse bestreuen.

4. Den Backofen auf 220 °C (Umluft 200 °C) vorheizen. Das Schinkenfett mit einem scharfen Messer gitterförmig einritzen. Den Braten in einen mit Alufolie ausgelegten Bräter setzen. Die Marmelade mit Zucker und gemahlenen Nelken verrühren, den Schinken damit bestreichen und mit den Nelken spicken. Das Fleisch 20 Minuten im Ofen braten, bis das Fett goldbraun ist, dann 20–30 Minuten ruhen lassen. Den Ofen auf 180 °C (Umluft 160 °C) herunterschalten und das Gratin darin 30 Minuten backen. Den Schinken aufschneiden und mit Gratin und einem Salat servieren.

Für dieses Rezept eignen sich richtig große Koteletts am besten, denn sie bleiben saftiger als die dünnen, die man häufiger findet.

Honigkoteletts mit Spitzkohl und Selleriepüree

FÜR 4 PERSONEN

4 Schweinekoteletts à 400 g, ca. 2,5–3 cm dick

2 Knoblauchzehen, geschält

Salz

1½ TL geräuchertes Paprikapulver (edelsüß)

3 EL Olivenöl, plus Öl für den Bräter

2 EL Apfelessig

3 EL flüssiger Honig

Schwarzer Pfeffer

FÜR DAS SELLERIEPÜREE:

600 g Knollensellerie, geschält, in Stücken

300 g mehligkochende Kartoffeln, geschält und in Stücken

Salz

25 g Butter

Schwarzer Pfeffer

FÜR DEN SPITZKOHL:

1 Spitzkohl (ca. 750 g)

Salz

25 g Butter

1 TL Kümmelsamen

2 Knoblauchzehen, geschält

1. Die Koteletts kalt abspülen, trocken tupfen und mit einem scharfen Messer von beiden Seiten mehrfach leicht einritzen. Die Knoblauchzehen mit der flachen Seite einer Messerklinge andrücken, mit ½ Teelöffel Salz bestreuen und zerstoßen. Den Knoblauch mit Paprika, Öl, Essig, Honig und etwas Pfeffer mischen, die Koteletts beidseitig damit einreiben und 1–2 Stunden marinieren.

2. Den Backofen auf 220 °C (Umluft 200 °C) vorheizen. Eine große Pfanne erhitzen. Die Koteletts mit einer Küchenzange aus der Marinade heben und zunächst nur an den Fetträndern goldbraun braten. Erst dann die Koteletts bei mittlerer Hitze 2 Minuten von jeder Seite anbraten, in einen geölten Bräter legen, die übrige Marinade darübergießen und das Fleisch 20 Minuten im Ofen braten, bis es gar, aber innen noch saftig ist.

3. Inzwischen Sellerie und Kartoffeln in reichlich Salzwasser in 15–20 Minuten weich kochen, abgießen und im Topf zu Püree zerstampfen. Die Butter unterrühren und das Püree mit Salz und Pfeffer würzen.

4. Den Kohl ohne Strünke in 1 cm breite Streifen schneiden, in kochendem Salzwasser 3 Minuten kochen und abgießen. Die Butter in einem großen Topf zerlassen, den Kümmel zufügen, den Knoblauch dazupressen und kurz anschwitzen. Den Kohl zugeben und bei hoher Temperatur darin 1 Minute schwenken, sodass er noch Biss hat. Den Kohl mit den Koteletts und dem Selleriepüree servieren.

Hier kommt eins der Lieblingsgerichte unserer ganzen Familie. Fleischbällchen und Sauce lassen sich wunderbar einfrieren – machen Sie am besten gleich die doppelte Portion!

Probieren Sie doch auch ...
Italienische Käse-Polpetti:
Schweinehack und Speck durch Rinderhack ersetzen und 75 g geriebenen Parmesan zur Fleischmasse geben.

Speck-Fleischbällchen in Tomatensauce mit Pasta

FÜR 4 PERSONEN
400–500 g Pappardelle

FÜR DIE FLEISCHBÄLLCHEN:
4 EL Olivenöl
1 Zwiebel, fein gewürfelt
2 Knoblauchzehen, geschält
225 g durchwachsener Räucherspeck, in Stücken
500 g Rinderhackfleisch
250 g Schweinehackfleisch
Abrieb von 1 kleinen Bio-Zitrone
75 g frische Semmelbrösel
20 g Oreganoblättchen
1 Ei (Größe M)
Salz, schwarzer Pfeffer

FÜR DIE TOMATENSAUCE:
1 EL Olivenöl
15 g Butter
2 Knoblauchzehen, geschält
1 Zwiebel, fein gewürfelt
1 rote Paprikaschote, ohne Stiel und Samen, gewürfelt
½ frische rote Chilischote, nach Belieben, fein gehackt
200 g stückige Tomaten (Dose)
350 g passierte Tomaten
1 EL Apfel-Balsamicoessig
1 TL Zucker
Salz, schwarzer Pfeffer
1 Handvoll Basilikumblätter

1. Für die Fleischbällchen 2 Esslöffel Olivenöl in einem kleinen Topf erhitzen. Zwiebel zufügen, Knoblauch dazupressen und in 10 Minuten bei geringer Hitze weich dünsten. In eine große Schüssel geben und abkühlen lassen.

2. Für die Sauce Öl und Butter in einem großen Topf erhitzen. Den Knoblauch hineinpressen, Zwiebel, Paprika und Chili (falls verwendet) zugeben und alles zugedeckt 10 Minuten bei geringer Hitze anschwitzen. Stückige und passierte Tomaten, Essig, Zucker, ½ Teelöffel Salz und Pfeffer zugeben und alles aufkochen.

3. Den Speck in einem Mixer fein zerkleinern und mit Hackfleisch, Zitronenabrieb, Semmelbröseln, Oregano, Ei, ½ Teelöffel Salz und reichlich Pfeffer zu den Zwiebeln in die Schüssel geben. Alles gut mit den Händen vermengen und daraus walnussgroße Bällchen formen.

4. Die übrigen 2 Esslöffel Olivenöl in einer großen beschichteten Pfanne erhitzen und die Fleischbällchen darin portionsweise rundum braun anbraten, dann in die Sauce geben. Sobald alle Bällchen fertig sind, die Sauce mit halb aufgelegtem Deckel 20 Minuten köcheln lassen, dabei gelegentlich vorsichtig umrühren.

5. Für die Pasta in einem großen Topf reichlich Salzwasser zum Kochen bringen. Sobald die Sauce fertig ist, die Pappardelle im Wasser nach Packungsanweisung al dente kochen. Das Basilikum grob hacken und unter die Sauce rühren. Die Nudeln mit der Sauce servieren.

Man kann natürlich auch Milchlamm für dieses Rezept verwenden, aber es lohnt sich, auf den Sommer zu warten. Dann konnten die Lämmer reichlich Gras fressen, und ihr Fleisch hat deutlich mehr Aroma gewonnen.

Lammkeule mit Rosmarin-Knoblauch-Pesto

FÜR 6 PERSONEN

1 Lammkeule (2,25 kg)

Salz, schwarzer Pfeffer

1,5 kg mehligkochende Kartoffeln, geschält

8 Knoblauchzehen, geschält und halbiert

8 Zweige Rosmarin (ca. 5 cm)

3 EL Olivenöl

2 EL Zitronensaft

6–8 EL Hühnerbrühe

FÜR DAS PESTO:

3 Knoblauchzehen, geschält

Fleur de Sel

3 Zweige Rosmarin (ca. 15 cm), Nadeln fein gehackt

Abrieb von ½ kleinen Bio-Zitrone

Schwarzer Pfeffer

4–5 TL Olivenöl

1. Den Backofen auf 230 °C (Umluft 205 °C) vorheizen. Das Fleisch kalt abspülen, trocken tupfen und mit einem scharfen Messer im Abstand von 5 cm ca. 2,5 cm tief einschneiden.

2. Für das Pesto die Knoblauchzehen andrücken, mit Fleur de Sel bestreuen und zerstoßen. Gehackten Rosmarin, Zitronenabrieb, etwas schwarzen Pfeffer und genügend Öl zugeben und alles vermengen. Das Pesto in die Einschnitte der Keule drücken, den Rest auf der Oberfläche verteilen und das Fleisch mit Salz und Pfeffer würzen. An einem kühlen Ort (nicht im Kühlschrank) beliebig lange marinieren lassen — je länger, desto würziger.

3. Die Kartoffeln in ca. 2,5 cm große Stücke schneiden und mit halbierten Knoblauchzehen, Rosmarinzweigen, Olivenöl, 1 Teelöffel Salz und Pfeffer in einen großen Bräter geben, gut mischen und gleichmäßig verteilen.

4. Die Lammkeule auf einem Rost über dem Bräter in den Ofen schieben und 15 Minuten braten. Die Temperatur auf 200 °C (Umluft 180 °C) herunterschalten und 30 Minuten weiterbraten.

5. Bräter und Rost herausnehmen, die Kartoffeln vom Boden des Bräters lösen und mit Zitronensaft und Brühe beträufeln. Bräter und Rost wieder in den Ofen schieben und alles weitere 35 Minuten braten.

6. Die Keule herausnehmen und mit Alufolie abgedeckt 15 Minuten ruhen lassen. Die Kartoffeln inzwischen im ausgeschalteten Ofen warm halten. Das Fleisch in Scheiben schneiden und mit den Kartoffeln servieren.

Bei der 154. Auflage des jährlich ausgetragenen Mendip-Pflügewettbewerbs, der auf unserem Hof stattfand, kämpfen diese Bauern um den Sieg. Nach dem Wettstreit gab es etwas Handfestes zu essen – und hausgemachten Cider.

Uns schmecken Innereien großartig. Falls das bei Ihnen (wie bei vielen Menschen) anders ist, dann lassen Sie sich von diesem Rezept bekehren. Bei unseren Gästen hat es funktioniert!

Lammkoteletts vom Grill mit würzigen Nieren

FÜR 4 PERSONEN

8 Lammnieren (beim Metzger vorbestellen)

Salz, schwarzer Pfeffer

20 g Butter, zerlassen

¼ TL Cayennepfeffer

1 TL scharfer Senf

½ TL Worcestersauce

1 TL Zitronensaft

8 Stielkoteletts vom Lamm

2 TL Olivenöl

1 EL gehackte Petersilie

FÜR DIE GRILLTOMATEN:

6 Strauchtomaten, halbiert

2 TL Thymianblättchen, gehackt

15 g entsteinte schwarze Oliven, fein gehackt

1 kleine Knoblauchzehe, geschält und gehackt

Salz, schwarzer Pfeffer

20 g Butter

1. Den Grill auf höchster Stufe vorheizen. Die Tomatenhälften mit der Schnittfläche nach oben in eine ofenfeste Form setzen und mit Thymian, Oliven, Knoblauch, Salz und Pfeffer bestreuen. Auf jede Tomate 1 kleinen Stich Butter setzen.

2. Die Nieren kalt abspülen, trocken tupfen, längs halbieren und den Fettkern mit einer Schere herausschneiden. Die Nieren salzen und pfeffern. Die flüssige Butter mit Cayennepfeffer, Senf, Worcestersauce und Zitronensaft mischen, dann beiseitestellen. Eine große, schwere Grillpfanne stark erhitzen, anschließend die Temperatur etwas reduzieren.

3. Die Tomaten unter dem Grill in ca. 8 Minuten weich garen. Inzwischen die Koteletts kalt abspülen, trocken tupfen, mit 1 Teelöffel Öl einreiben, salzen und pfeffern. Die Koteletts in der Grillpfanne ca. 4 Minuten pro Seite braten, bis sie außen gebräunt, aber innen noch rosa sind. Das Fleisch auf dem Fettrand 1 weitere Minute braten, die Koteletts auf einen Teller geben und mit Alufolie abgedeckt 2–3 Minuten ruhen lassen.

4. Sobald die Koteletts fast gar sind, 1 Teelöffel Öl in einer Bratpfanne erhitzen und die Nieren darin bei hoher Temperatur ca. 4 Minuten braten, dabei zwischendurch einmal wenden. Sie sollen außen fest und gebräunt, aber innen noch rosa sein. Die Buttermischung und die Petersilie zugeben und alles maximal 30 Sekunden schwenken. Die Nieren mit den Koteletts und den Tomaten servieren.

Das hier ist unser Lieblingscurry, das am besten schon am Vortag zubereitet wird. Wenn sich die Aromen über Nacht entfalten können, werden sie viel intensiver.

Sumatra-Lammcurry

FÜR 6 PERSONEN

500 g Zwiebeln

100 g Ghee oder Butterschmalz

1,5 kg Lammschulter ohne Knochen

1 EL Kreuzkümmelsamen

1 EL Koriandersamen

½ TL Kardamomsamen

1 EL Paprikapulver (edelsüß)

1½ TL Cayennepfeffer

1½ TL gemahlene Kurkuma

½ TL Zimt

5 große Knoblauchzehen

50 g frischer Ingwer, geschält, grob gehackt

1–2 große frische rote Chilischoten, Samen entfernt

1 große rote Paprikaschote, geputzt, in groben Stücken

Salz

400 ml Kokosmilch

1 EL Tamarindenpaste

Schwarzer Pfeffer

Gehacktes Koriandergrün

FÜR DIE MINZ-RAITA:

175 g Salatgurke

Salz

125 g Vollmilch-Naturjoghurt

1 TL Minzgelee

1 EL Minzblättchen, gehackt

1. Die Hälfte der Zwiebeln schälen und in dünne Ringe schneiden. Ghee in einem großen Schmortopf erhitzen, die Zwiebelringe zugeben und bei mittlerer Temperatur unter Rühren 15 Minuten anschwitzen, bis sie hellbraun sind. Inzwischen das Fleisch kalt abspülen, trocken tupfen, von Fett und Sehnen befreien und in 4 cm große Stücke schneiden.

2. Die Gewürze in einer Gewürzmühle oder im Mörser fein zermahlen. Die übrigen Zwiebeln und den Knoblauch schälen und grob hacken. Beides mit Ingwer, Chilis, Paprika, Gewürzen, 1 Teelöffel Salz und 6–8 Teelöffeln kaltem Wasser im Mixer glatt pürieren, dabei die Mischung mehrmals von den Wänden des Mixers schaben. Die Paste zu den Zwiebelringen geben und unter häufigem Rühren 5 Minuten mitbraten.

3. Kokosmilch, Tamarindenpaste und Lamm in den Topf geben und alles zugedeckt ca. 20 Minuten köcheln lassen. Den Deckel abnehmen und alles 1 Stunde 15 Minuten weiterkochen, bis das Fleisch zart und die Sauce eingedickt ist. Mit Salz und Pfeffer abschmecken.

4. Für die Raita die Gurke schälen, längs halbieren und die Samen herauskratzen. Die Gurke fein würfeln, mit ½ Teelöffel Salz mischen und in einem Sieb 20 Minuten Wasser ziehen lassen. Gut mit Küchenpapier trocknen, mit den übrigen Zutaten mischen und mit Salz abschmecken. Das Curry mit dem Koriander bestreuen und mit der Raita und Reis servieren.

Aus Wald, Wiese und Gewässern

Wir haben das große Glück, dass bei uns der wunderbare Les Davies Gruppen über den Hof und durch die umgebenden Wälder führt. Was er nicht über die Mendip Hills weiß, das braucht wirklich niemand zu wissen!

Top-10-Genüsse aus der Natur:
Bärlauch
Wiesenchampignons
Wilder Fenchel
Meerrettich
Holzäpfel
Brombeeren
Holunderbeeren
Holunderblüten
Wilde Mirabellen
Kriechenpflaumen

Tiere schmecken am besten, wenn sie ein gesundes, glückliches Leben führen durften. Deshalb mögen wir Wild so sehr. Die viele Bewegung draußen sorgt für gut entwickelte Muskeln, weshalb das Fleisch nicht nur aromatisch, sondern auch noch sehr mager ist. Langes Garen macht es wunderbar zart.

Nicht vergessen, selbst gesammelte Früchte gut nach kleinen Krabbeltierchen abzusuchen! Vor allem, wenn Vegetarier mitessen.

Eines der besten Dinge am Leben hier in unserem Tal ist, dass wir von so vielen Nahrungsmitteln umgeben sind. All die Wälder, Hecken, Wiesen und Bäche liefern reichlich Essbares: Fisch, Wild, Beeren, Pilze – von Kräutern ganz zu schweigen. Ziehen Sie doch auch mal die Gummistiefel an und schauen Sie, was Sie in der Natur an Essbarem finden!

Die glänzend grünen Bärlauchblätter sammeln wir besonders gerne. Sie wachsen übrigens oft in der Nähe der hübschen blauen Hasenglöckchen. Falls Sie sich nicht sicher sind: einfach schnuppern!

Filoteig-Auflauf mit Bärlauch

FÜR 4 PERSONEN

250 g Butter, plus Butter für die Form

300 g Feta

100 g Ricotta

50 g Parmesan oder Pecorino, fein gerieben

5 Eier (Größe L)

50 g frische Semmelbrösel

½ TL frisch geriebene Muskatnuss

4 EL Olivenöl extra vergine

1 Bund Frühlingszwiebeln, geputzt, in Ringen

Salz, schwarzer Pfeffer

375 g Filoteig (Kühlregal, ca. 14 Bögen à 30 x 38 cm)

200 g Spinat, geputzt, grobe Stängel entfernt, Blätter in Streifen geschnitten

150 g Bärlauch, geputzt, grobe Stängel entfernt, Blätter in Streifen geschnitten

Tipp:
Außerhalb der Bärlauchsaison können Sie insgesamt 350 g Spinat verwenden und zusätzlich 50 g Dill oder Minze (gehackt) zugeben.

1. Die Butter zerlassen und das klare Butterfett in eine Schüssel abgießen, sodass die Molkenbestandteile zurückbleiben.

2. Den Feta in eine Schüssel bröseln und mit einer Gabel zerdrücken. Ricotta, Parmesan, Eier, Semmelbrösel, Muskat, Öl, Frühlingszwiebeln und je ½ Teelöffel Salz und Pfeffer gut untermischen.

3. Den Backofen auf 180 °C (Umluft 160 °C) vorheizen. Eine flache Auflaufform (20 x 30 cm) buttern. Sieben Filoteigblätter beiseitelegen und mit einem feuchten Tuch bedecken, sodass sie nicht austrocknen. 1 Teigblatt mit flüssiger Butter bepinseln und mit der Butterseite nach unten in die Form legen. Die Ränder sollen ca. 5 cm überstehen. Weitere 6 Blätter ebenso bepinseln und darauflegen, dabei so zügig wie möglich arbeiten.

4. Spinat und Bärlauch unter die Käsemasse rühren, die Mischung in der Form verteilen und glatt streichen.

5. Eines der beiseitegelegten Filoteigblätter mit Butter bepinseln und mit der Butterseite nach unten auf den Auflauf legen. Gut andrücken und die übrigen 6 Blätter ebenso verarbeiten. Die überstehenden Teigränder auf 2,5 cm kürzen, umschlagen und am Formrand einstecken.

6. Auf der Oberfläche des Auflaufs mit einem scharfen Messer acht Stücke markieren. Alles mit etwas Wasser beträufeln und 45 Minuten im Ofen backen, bis der Auflauf in der Mitte fest und gut gebräunt ist. (Falls nötig, vorher mit Alufolie abdecken.) Vor dem Anschneiden 15 Minuten ruhen lassen.

Pilze sammeln macht einen Riesenspaß – aber sorgen Sie dafür, dass immer ein Experte die Funde bestimmt. Falls Sie keinen Les Davies zur Hand haben, können Sie die Pilze für dieses Rezept auch einfach kaufen.

Wiesenchampignons in Knoblauchbutter auf Toast

FÜR 4 PERSONEN

2 große Knoblauchzehen, geschält

1 großer Stängel Thymian, Blättchen abgezupft

Salz

100 g zimmerwarme Butter

2 EL krause Petersilie, gehackt

Schwarzer Pfeffer

12–16 dicke Scheiben Frühstücksspeck (Bacon) oder Pancetta

4 große oder 8 kleine Scheiben Grahambrot oder Vollkorntoast

3 EL Olivenöl

750 g Wiesen- oder Zuchtchampignons, geputzt, in dicken Scheiben

1. Die Knoblauchzehen andrücken. Die Thymianblättchen grob hacken, beides zusammen mit ½ Teelöffel Salz bestreuen und zu einer Paste zerstoßen. Mit Butter, Petersilie und Pfeffer mischen.

2. Eine Grillpfanne stark erhitzen. Den Speck darin portionsweise in ca. 2 Minuten pro Seite knusprig und goldbraun braten, herausnehmen und warm halten. Das Brot toasten.

3. Eine sehr große Pfanne stark erhitzen. Die Hälfte des Olivenöls darin heiß werden lassen, die Hälfte der Pilze zugeben, salzen und pfeffern und 2 Minuten unter Rühren anbraten. Sie sollen gebräunt, aber noch bissfest sein. Die Hälfte der Knoblauchbutter zugeben und schwenken, bis sie geschmolzen ist.

4. Die Hälfte der Brotscheiben auf vorgewärmte Teller verteilen und die Pilze daraufhäufen. Mit der Hälfte der Speckscheiben belegen. Die übrigen Pilze ebenso zubereiten.

Probieren Sie doch mal ...

Gebackene Wiesenchampignons: Den Ofen auf 220 °C (Umluft 200 °C) vorheizen. 8 große Champignons auf ein geöltes Backblech legen, salzen, pfeffern, die Knoblauchbutter darauf verteilen und die Pilze 10 Minuten im Ofen braten. Etwas Zitronensaft darüberträufeln und mit knusprigem Brot servieren.

Sie haben sich draußen beim Pilzesammeln richtig schön durchpusten lassen? Zum Aufwärmen gibt es nichts Besseres als diese schlichte, aber sehr leckere Suppe. Mit gutem Sauerteigbrot zum Tunken!

Pilzsuppe

FÜR 6–8 PERSONEN

30 g getrocknete Steinpilze

100 g Butter

2 Knoblauchzehen, geschält

200 g Schalotten oder Zwiebeln, geschält und gehackt

2 große Stängel Thymian, Blättchen abgezupft

750 g Wiesen- oder Zuchtchampignons, geputzt, abgerieben, gehackt

20 g krause Petersilie, gehackt

30 g Weizenmehl

1,2 l Hühner- oder Gemüsebrühe

150 g Crème fraîche oder Crème double

Frisch geriebene Muskatnuss

Salz, schwarzer Pfeffer

1. Die getrockneten Steinpilze in 150 ml kochendem Wasser 20 Minuten einweichen. Inzwischen 75 g Butter in einem großen Topf zerlassen. Den Knoblauch dazupressen, Schalotten und Thymian zugeben und alles 10 Minuten zugedeckt bei geringer Hitze anschwitzen, ohne dass es braun wird.

2. Die Steinpilze abgießen (dabei das Einweichwasser auffangen) und hacken. Zusammen mit drei Viertel der frischen Pilze in den Topf geben und 5 Minuten mitbraten. Petersilie und Mehl einrühren, alles 1 Minute mitschwitzen, dann nach und nach mit der Brühe und dem Pilz-Einweichwasser (ohne eventuellen Bodensatz) ablöschen. Alles aufkochen und bei geringer Hitze zugedeckt 15 Minuten köcheln lassen.

3. Die Suppe etwas abkühlen lassen und portionsweise im Mixer glatt pürieren. Die Crème fraîche einrühren. Die übrigen Pilze in der restlichen Butter in einer Pfanne bei hoher Temperatur 2 Minuten anbraten. In die Suppe geben und 3 Minuten mitköcheln. Die Suppe mit Muskat, Salz und Pfeffer abschmecken und mit knusprigem Brot servieren.

Probieren Sie doch mal ...

während der Pilzsaison gemischte Wildpilze in der Suppe. Am besten schmeckt uns eine Mischung aus Steinpilzen, Semmelstoppelpilzen, Trompetenpfifferlingen, Echten Pfifferlingen, Totentrompeten und Austernpilzen. Große Exemplare können Sie hacken, kleine ganz lassen.

Fenchelgebeizte Forelle mit Senf-Meerrettich-Sauce

FÜR 10–12 PERSONEN

- 750 g Forellenfilet mit Haut, Gräten entfernt
- 2 EL Wodka
- 100 g grobes Meersalz
- 75 g Zucker
- 2 EL weiße Pfefferkörner, fein gemörsert
- 2 TL Fenchelsamen, fein gemörsert
- 50 g Fenchelgrün oder Dill, grob gehackt
- Abrieb von ½ Bio-Zitrone
- Dünne Scheiben Vollkornbrot oder Pumpernickel, gebuttert

FÜR DIE SAUCE:

- 2 TL geriebener Meerrettich (frisch oder aus dem Glas)
- 2 TL fein geriebene Zwiebel oder Schalotte
- 1 TL Dijonsenf
- ¼ TL Senfpulver (ersatzweise fein gemörserte Senfkörner)
- 1 TL feiner Zucker
- 2 TL Weißweinessig
- 75 g saure Sahne oder Crème fraîche
- 75 g Vollmilch-Naturjoghurt
- Salz

1. Für die gebeizte Forelle eine weite, flache Form mit Frischhaltefolie auslegen. Die Forellenfilets kalt abspülen und trocken tupfen. Die Hälfte nebeneinander mit der Hautseite nach unten in die Form legen und mit Wodka bepinseln. Salz, Zucker, Pfeffer, Fenchelsamen, Kräuter und Zitronenabrieb mischen und darauf verteilen. Die übrigen Forellenfilets ebenfalls mit Wodka einpinseln und mit der Fleischseite nach unten auf die Würzmischung legen. Alles mit Frischhaltefolie bedecken, ein Brett darauflegen, mit Konservendosen beschweren und 24 Stunden im Kühlschrank ziehen lassen.

2. Zum Servieren den Fisch einzeln mit der Hautseite nach unten auf ein Brett legen und die Filets von hinten nach vorn schräg in sehr dünnen Scheiben von der Haut schneiden.

3. Alle Zutaten für die Sauce verrühren. Die gebeizte Forelle auf dem gebutterten Brot servieren und mit jeweils einem Klecks Sauce garnieren.

Ysop wird selten benutzt, dabei passt das Kraut bestens zu Schweine- und Lammfleisch und zu Forelle. Falls Sie keinen bekommen: Im Fisch schmeckt auch eine Minz-Thymian-Füllung.

Ofengebackene Forelle mit Speck-Ysop-Füllung

FÜR 4 PERSONEN

1 TL Sonnenblumenöl

100 g Frühstücksspeck (Bacon), in dünnen Streifen

75 g Butter, plus Butter für das Blech

100 g Weißbrot, entrindet und 1 cm groß gewürfelt

Salz, schwarzer Pfeffer

1 kleine Zwiebel, geschält und gehackt

100 g Lauch, geputzt und dünn geschnitten

2 TL gehackter Ysop (ersatzweise 1 TL Minze und 1 TL Zitronenthymian, gehackt)

4 TL gehackte Petersilie

1 Ei (Größe M)

2 EL Vollmilch

4 Forellen à 300 g

1. Den Backofen auf 200 °C (Umluft 180 °C) vorheizen. Das Öl in einer Pfanne erhitzen und den Speck darin knusprig braten. Den Speck mit einem Schaumlöffel in eine Schüssel heben.

2. 25 g Butter zu dem Speckfett in die Pfanne geben und zerlassen. Die Brotwürfel untermischen, 5 Minuten bei hoher Temperatur knusprig braten, mit Salz und Pfeffer würzen und zum Speck geben.

3. Die Zwiebel in weiteren 25 g Butter in der Pfanne 5 Minuten bei geringer Hitze anschwitzen. Den Lauch zufügen und 2–3 Minuten mitschwitzen, dabei gelegentlich umrühren. Den Pfanneninhalt und die Kräuter zur Brotmischung geben, alles gut vermischen, mit Salz und Pfeffer abschmecken und etwas abkühlen lassen. Das Ei mit der Milch verquirlen. 3 Esslöffel der Eiermilch zur Brotmasse geben und 5 Minuten quellen lassen.

4. Die übrige Butter zerlassen. Die Fische kalt abspülen, trocken tupfen und innen salzen und pfeffern. Die Füllung in die Bauchhöhlen geben und die Fische mit Zahnstochern verschließen. Die Fische auf ein gebuttertes Backblech legen, von allen Seiten mit flüssiger Butter bepinseln, salzen und pfeffern. Die Forellen im Ofen 15–20 Minuten backen, bis sich das Fleisch an der dicksten Stelle gleich hinter dem Kopf leicht von den Gräten löst. Die Forellen sofort servieren.

AUS WALD, WIESE UND GEWÄSSERN

Als Vorspeise sind richtig schön grobe ländliche Terrinen unschlagbar. Das hier ist unser Lieblingsrezept. Ein Tipp: Lassen Sie sie ein, zwei Tage im Kühlschrank durchziehen, dann wird sie noch aromatischer.

> **Probieren Sie doch auch ...**
> **Gefüllte Speckpflaumen:**
> Je 10 g Fleischteig in entsteinte Soft-Pflaumen füllen. Jede mit ½ Scheibe Speck umwickeln und auf einem Backblech im Ofen bei 200 °C (Umluft 180 °C) 12–14 Minuten backen, bis der Speck knusprig ist. Die Pflaumen zu Glühwein oder Punsch servieren.

Rustikale Wildterrine mit grünem Pfeffer

FÜR 10–12 PERSONEN

100 g Schalotten, geschält und fein gehackt

2 große Knoblauchzehen, geschält

25 g Butter

3 EL roter Portwein

3 EL Madeira

700 g gemischtes Wildfleisch ohne Knochen (Fasan, Hase und Reh zu gleichen Teilen), abgespült, trocken getupft, fein gewürfelt

250 g Schweinebauch, durch den Fleischwolf gedreht

2 große Stängel Thymian, Blättchen abgezupft

2 Zweige Rosmarin (15 cm), Nadeln fein gehackt

6 Wacholderbeeren, zerdrückt und fein gehackt

½ TL gemahlene Muskatblüte

1–2 TL grüne Pfefferkörner (Glas), abgespült und grob gehackt

1 Ei (Größe M), verquirlt

Salz, schwarzer Pfeffer

300–350 g durchwachsener Räucherspeck, in dünnen Scheiben

250 g Enten- oder Hähnchenleber, grob zerteilt

1. Schalotten und durchgepressten Knoblauch in der Butter bei geringer Hitze 7 Minuten anschwitzen. Portwein und Madeira zugeben, sirupartig einkochen und abkühlen lassen.

2. 200 g Wildfleisch in der Küchenmaschine fein zerkleinern. Mit übrigem Wild, Schweinebauch, Thymian, Rosmarin, Wacholder, Muskat, grünem Pfeffer, Schalottenmischung, Ei, 1 Teelöffel Salz und ½ Teelöffel Pfeffer in einer Schüssel mit den Händen gut vermischen. Nach Belieben über Nacht im Kühlschrank ziehen lassen.

3. Mit dem Messerrücken über die Speckscheiben streichen, um sie zu dehnen. Eine Terrinen- oder Kastenform (900 ml Fassungsvermögen) überlappend mit den Speckscheiben auslegen, Enden überhängen lassen. Ein Drittel Fleischteig hineinfüllen und mit etwas Leber belegen. Diese Schichtung wiederholen und mit Fleischteig abschließen. Die Enden des Specks darüberklappen. Lücken mit 2–3 weiteren Speckscheiben verschließen.

4. Den Backofen auf 170 °C (Umluft 155 °C) vorheizen. Die Form mit einem Deckel oder geölter Alufolie verschließen, in einen Bräter stellen und bis zur Hälfte kochendes Wasser angießen. Die Terrine im Ofen 1 Stunde 30 Minuten backen, bis beim Einstechen austretender Saft klar bleibt. 15 Minuten ruhen lassen.

5. Ein mit Alufolie umwickeltes Stück Pappe auf die Terrine legen und mit Konservendosen beschweren. Über Nacht im Kühlschrank ziehen lassen. Die Terrine mit knusprigem Brot, Cornichons und Chutney servieren.

Bei diesem Rezept erleichtern Sie sich die
Zubereitung, wenn Sie entweder ausschließlich
Fasanenhähne oder aber -hennen verwenden,
denn die haben dieselbe Garzeit.

Gebratener Fasan mit Graupen-Pilz-Risotto

FÜR 4 PERSONEN

2 küchenfertige Fasane à 750–800 g, abgespült, trocken getupft, Federreste entfernt

Salz, schwarzer Pfeffer

2 große Stängel Thymian

30 g Butter

8 Scheiben Frühstücksspeck (Bacon)

Öl für die Form

200 ml Cider (ersatzweise Cidre)

1 EL Apfelgelee

200 ml Wildgeflügel-, Wild-, Rinder- oder Hühnerfond

50 g kalte Butter, in Stücken

FÜR DAS GRAUPENRISOTTO:

40 g getrocknete Steinpilze

75 g Butter

1 Zwiebel, geschält und fein gehackt

400 ml Wildgeflügel-, Wild-, Rinder- oder Hühnerfond

300 g Gerstengraupen

375 g Wildpilze oder braune Champignons, geputzt, in Scheiben

3 EL gehackte Petersilie

Salz, schwarzer Pfeffer

1. Die getrockneten Steinpilze in 150 ml kochendem Wasser 20–30 Minuten einweichen, abgießen (das Wasser auffangen) und hacken. Den Backofen auf 220 °C (Umluft 200 °C) vorheizen.

2. Die Fasane innen und außen salzen und pfeffern. Mit je einem 1 Thymianstängel und 1 Stich Butter füllen. Die Vögel mit Küchengarn in Form binden, jeweils mit 4 Scheiben Speck belegen und in einen geölten Bräter setzen. Die Fasane 15 Minuten im Ofen braten. Die Temperatur auf 180 °C (Umluft 160 °C) reduzieren und die Fasane 15 Minuten weiterbraten. Sobald der Speck knusprig ist, die Scheiben abnehmen. Die Vögel sind gar, wenn der Fleischsaft beim Einstechen an der dicksten Stelle der Keule klar bleibt.

3. Inzwischen für das Risotto 20 g Butter in einem Topf zerlassen und die Zwiebel darin 5 Minuten anschwitzen. Die Steinpilze 2–3 Minuten mitbraten. Fond und Graupen zugeben und alles zugedeckt 25–30 Minuten bei geringer Hitze köcheln lassen, bis die Flüssigkeit aufgesogen ist.

4. Die Fasane herausnehmen und mit der Brustseite nach unten und mit Alufolie abgedeckt 5–10 Minuten ruhen lassen. Überschüssiges Fett aus dem Bräter abgießen und Cider, Apfelgelee und Fond zufügen. Alles auf ca. 100 ml einkochen lassen, durch ein feines Sieb in einen Topf gießen und erneut aufkochen. Die Butter nach und nach unterschlagen, die Sauce mit Salz und Pfeffer würzen und warm halten.

5. Die übrige Butter in einer Pfanne erhitzen und die Wildpilze darin 3–4 Minuten unter Rühren anbraten. Pilze und Petersilie unter das Risotto rühren und alles mit Salz und Pfeffer abschmecken. Die Fasane entlang des Brustbeins und Rückgrats halbieren und auf vorgewärmte Teller verteilen. Mit Risotto, Sauce und gedämpftem Brokkoli servieren.

Draußen in der Natur sein, bei Wind und Wetter – wir finden das großartig. Mindestens genauso sehr genießen wir es, uns nachher mit Wildpastete zu stärken.

Wildpastete mit Fleischbällchen

FÜR 6 PERSONEN

3 EL Sonnenblumenöl

50 g Butter

1 kg gemischtes Wildfleisch ohne Knochen, grob gewürfelt

200 g durchwachsener Räucherspeck, gewürfelt

1 große Zwiebel, geschält und gewürfelt

1 TL Thymianblättchen

1 TL Wacholderbeeren

45 g Weizenmehl

600 ml Wild-, Hühner- oder Rinderfond

150 ml roter Portwein

1 EL rotes Johannisbeergelee

4 Lorbeerblätter

2 Möhren, geschält, gewürfelt

2 Selleriestangen, in Scheiben

Salz, schwarzer Pfeffer

FÜR DIE FLEISCHBÄLLCHEN:

225 g Wurstbrät (Schwein)

50 g Frühstücksspeck (Bacon), fein geschnitten

75 g gegarte Kastanien, gehackt

Abrieb von 1 Bio-Zitrone

25 g frische Semmelbrösel

1 EL Thymian, gehackt

Frisch geriebene Muskatnuss

Salz, schwarzer Pfeffer

FÜR DEN TEIG:

350 g Weizenmehl

1 TL Salz

90 g kalte Butter

90 g kaltes Schmalz

1 Ei (Größe M)

1. In einem Schmortopf 2 Esslöffel Öl und 15 g Butter erhitzen. Erst portionsweise das Fleisch, dann den Speck anbraten und herausnehmen. Zwiebel, Thymian und zerstoßenen Wacholder in weiteren 15 g Butter 5 Minuten anschwitzen, das Mehl einrühren, mit Fond und Portwein ablöschen und Gelee und Lorbeer zugeben. Alles unter Rühren aufkochen, Fleisch und Speck wieder zufügen und zugedeckt bei geringer Hitze 1 Stunde köcheln lassen.

2. Möhren und Sellerie in einer Pfanne in der übrigen Butter hellbraun anbraten, dann zum Ragout geben und weitere 15 Minuten köcheln, bis Fleisch und Gemüse weich sind. Mit Salz und Pfeffer würzen.

3. Inzwischen die Zutaten für die Fleischbällchen mischen und daraus 15 walnussgroße Bällchen formen. Die Bällchen im übrigen Öl in einer Pfanne rundum braun anbraten.

4. Das Fleisch mit einem Schaumlöffel aus dem Schmortopf heben und in eine große, tiefe Pastetenform (2,5 l Inhalt) heben. Den Schmorsud auf 500 ml einkochen, darübergießen und alles abkühlen lassen. Einen Kamin (Röhrchen aus Metall oder Alufolie) in die Mitte setzen, die Fleischbällchen drum herum verteilen und den Ofen auf 220 °C (Umluft 200 °C) vorheizen.

5. Für den Teig Mehl und Salz in die Küchenmaschine sieben, Butter und Schmalz zugeben und alles zu feinen Krümeln mixen. 3 Esslöffel kaltes Wasser untermixen, bis sich der Teig verbindet, dann auf der bemehlten Arbeitsfläche glatt kneten. Den Teig 2,5 cm größer als die Pastetenform ausrollen und in der Mitte kreuzweise einschneiden. Einen dünnen Teigstreifen außen abschneiden, mit verschlagenem Ei bepinseln und auf den Rand der Form drücken. Wieder mit Ei bepinseln und den Teigdeckel auflegen, sodass der Kamin durch den Einschnitt guckt. Die Kanten gut andrücken, überstehenden Teig abschneiden. Die Oberfläche mit Ei bestreichen, die Pastete 30 Minuten kühlen und erneut bepinseln. Im Ofen in 30–35 Minuten goldbraun backen.

Die Briten essen immer mehr Rotwild – und das wurde auch höchste Zeit! Schließlich ist das Fleisch nachhaltig, gesund, stammt von freilaufenden Tieren und hat reichlich Aroma.

> **Rinderragout:**
> Das Wild durch Rindernacken ersetzen und statt Wacholder den Abrieb von ½ Bio-Orange und 1 Zimtstange zugeben. Die Kastanien durch 200 g angebratene Champignons und 50 g schwarze Oliven ersetzen. 500 g gegarte Makkaroni mit 250 ml Schmorflüssigkeit mischen, mit 75 g geriebenem Parmesan in eine Auflaufform schichten und 3–4 Min. übergrillen.

Rehragout mit Kräuterklößchen

FÜR 6 PERSONEN

1,5 kg Rehschulter, pariert, in 4–5 cm großen Würfeln

750 ml kräftiger Rotwein

1 TL Wacholderbeeren, zerdrückt und gehackt

1½ EL Thymianblättchen

6 frische Lorbeerblätter

6 Knoblauchzehen, geschält

Salz, schwarzer Pfeffer

3 EL Sonnenblumenöl

60 g Butter

2 große Zwiebeln, geschält und gehackt

3 EL Weizenmehl

600 ml Rinder- oder Wildfond

1 EL Tomatenmark

2 EL Apfel-, Johannisbeer- oder Brombeergelee

200 g gegarte Kastanien

1 EL Apfel-Balsamicoessig

FÜR DIE KRÄUTERKLÖSSCHEN:

150 g Weizenmehl

1 TL Backpulver

Salz, schwarzer Pfeffer

75 g eiskalte Butter, gerieben

1 TL Thymianblättchen

1 EL gehackte Petersilie

1. Das Fleisch kalt abspülen, trocken tupfen, mit Wein, Wacholder, Thymian und Lorbeer in eine Schüssel geben, den Knoblauch dazupressen. Zugedeckt 24–48 Stunden marinieren.

2. Das Fleisch in ein Sieb abgießen, dabei die Marinade auffangen und die Kräuter wieder hineinlegen. Das Fleisch gut mit Küchenpapier trocken tupfen.

3. Das Fleisch salzen und pfeffern. Das Öl in einem großen Schmortopf erhitzen und die Fleischwürfel darin bei mittlerer bis hoher Temperatur portionsweise anbraten.

4. Das überschüssige Bratfett weggießen. Die Butter in den Topf geben und die Zwiebeln darin bei mittlerer Hitze goldgelb anschwitzen. Das Mehl einrühren, alles mit der Marinade ablöschen und unter Rühren aufkochen. Die Flüssigkeit auf die Hälfte reduzieren. Fleisch, Fond, Tomatenmark, Gelee, 1 Teelöffel Salz und reichlich Pfeffer zugeben und erneut aufkochen. Das Ragout bei geringster Hitze offen 1 Stunde 45 Minuten köcheln lassen, dabei gelegentlich umrühren. Sobald das Fleisch weich und die Flüssigkeit eingedickt ist, Kastanien und Essig einrühren und das Ragout abschmecken.

5. Für die Klößchen Mehl, Backpulver, ½ TL Salz und etwas Pfeffer in einer Schüssel verrühren. Butter, Thymian, Petersilie und ca. 150 ml Wasser untermischen und zu einem weichen, leicht klebrigen Teig verarbeiten. Mit einem Löffel sechs Klößchen abstechen und mit Abstand auf das Ragout setzen. Das Ragout zugedeckt weitere 20 Minuten köcheln, bis die Klößchen aufgegangen sind und an einem hineingesteckten Holzstäbchen kein Teig mehr haften bleibt.

Wenn Sie Wildkaninchen zubereiten möchten, versuchen Sie, ein junges Tier zu bekommen – alte erweisen sich schon mal als zäh wie Leder. Hauskaninchen schmecken genauso gut. Das Gütesiegel Label Rouge garantiert artgerechte Haltung.

In Cider geschmortes Kaninchen mit Senf und Crème fraîche

FÜR 4–6 PERSONEN

2 kleine junge Wildkaninchen à 800 g bis 1 kg; ersatzweise 1 großes Hauskaninchen à 1,5–2 kg, zerteilt

Salz, schwarzer Pfeffer

20 g Weizenmehl

2 EL Sonnenblumenöl

50 g Butter

2 EL Apfelessig

2 Möhren, geschält, in Scheiben

2 Selleriestangen, in Scheiben

4 Knoblauchzehen, geschält, in Scheiben

1 großer Stängel Thymian, Blättchen abgezupft

2 Zweige Rosmarin (13 cm), Nadeln fein gehackt

300 ml trockener Cider (ersatzweise Cidre)

1 EL Dijonsenf

50 g Crème fraîche

1 EL gehackte Petersilie

1. Die Kaninchenteile kalt abspülen, trocken tupfen, mit Salz, Pfeffer und Mehl bestreuen. Überschüssiges Mehl abklopfen und aufbewahren. Das Öl und die Hälfte der Butter in einem Schmortopf aufschäumen lassen und das Fleisch darin von allen Seiten braun anbraten. Herausnehmen und in eine Schüssel legen, überschüssiges Fett weggießen, den Essig zugeben und den Bratensatz mit einem Kochlöffel lösen. Die Essigmischung über das Kaninchen gießen und den Topf säubern.

2. Die übrige Butter in den Schmortopf geben und die Möhren- und Selleriescheiben darin ein paar Minuten anbraten. Knoblauch, Thymian und Rosmarin zugeben und 1 Minute mitbraten. Das übrige Mehl einrühren, mit Cider ablöschen und das Fleisch zurück in den Topf geben. Alles zugedeckt schmoren lassen, bis das Kaninchen weich ist. Das dauert bei Wildkaninchen 1 Stunde bis 1 Stunde 15 Minuten, bei Zuchtkaninchen ca. 45 Minuten.

3. Das Fleisch in eine vorgewärmte Schüssel legen und bei niedriger Temperatur zugedeckt im Ofen warm halten. Die Schmorflüssigkeit bei hoher Temperatur ca. 5 Minuten einkochen lassen. Senf und Crème fraîche einrühren und alles noch etwas kochen, bis die Sauce eindickt. Die Sauce mit Salz und Pfeffer abschmecken, die Petersilie bis auf einen kleinen Rest einrühren und die Sauce über das Kaninchen gießen. Das Fleisch mit der übrigen Petersilie bestreuen und mit buttrigem Kartoffelpüree servieren.

AUS WALD, WIESE UND GEWÄSSERN

Dieses Rezept ergibt etwas mehr Relish, als man für sechs Burger braucht. Aber es hält sich im Kühlschrank zwei bis drei Monate und passt hervorragend zu Käse und kaltem Braten.

Wildburger mit würzigem Rote-Bete-Relish

FÜR 6 PERSONEN

750 g Rehschulter, durch den Fleischwolf gedreht

250 g Schweinebauch, durch den Fleischwolf gedreht

100 g Schalotten, geschält und fein gehackt

3 Stängel Thymian, Blättchen grob gehackt

Salz, schwarzer Pfeffer

FÜR DAS ROTE-BETE-RELISH:

150 ml Apfelessig

200 ml Apfel-Balsamicoessig

100 g feiner Zucker

1 große rote Zwiebel, geschält und gehackt

500 g Rote Bete, geschält, in streichholzdünnen Stiften

1 großer Apfel (z.B. Boskop)

1 TL Zitronensaft

½ TL Salz

ZUM SERVIEREN:

100 g gute Mayonnaise

1 EL Meerrettich, frisch gerieben oder aus dem Glas

Salz, schwarzer Pfeffer

6 Hamburgerbrötchen

Salatblätter (rötliche wie Lollo rosso sind besonders hübsch)

½ Salatgurke, in Scheiben

1. Für das Relish Apfelessig, Apfel-Balsamicoessig und Zucker aufkochen, die Zwiebel zugeben und alles 5–10 Minuten köcheln, bis die Zwiebel weich ist. Die Rote Bete zufügen und in 15 Minuten gar kochen.

2. Inzwischen den Apfel schälen, ohne Kerngehäuse grob reiben und mit Zitronensaft und Salz in die Zwiebelmischung rühren. Alles unter häufigem Rühren 10 Minuten köcheln, bis der Großteil der Flüssigkeit verdampft ist und das Relish eindickt. Abkühlen lassen, in sterilisierte Gläser mit säurebeständigen Deckeln füllen und verschließen.

3. Für die Burger das Fleisch in einer Schüssel mit Schalotten, Thymian, ¾ Teelöffel Salz und reichlich Pfeffer mischen und daraus sechs ca. 2 cm dicke Burger-Patties formen.

4. Die Patties auf dem Grill oder in einer Grillpfanne 4–5 Minuten von jeder Seite garen. Sie sollen außen schön braun und innen durch sein. Inzwischen die Mayonnaise mit dem Meerrettich verrühren, salzen und pfeffern. Die Brötchen halbieren, die unteren Hälften mit der Sauce bestreichen und mit Salatblättern und Gurkenscheiben belegen. Die Patties daraufsetzen, etwas Relish daraufgeben und mit den oberen Hälften bedecken. Sofort servieren.

Probieren Sie doch mal ...

Fasanen-Sellerie-Burger: Das Rehfleisch durch Fasan ersetzen und mit nur 175 g Schweinebauch und 75 g durch den Fleischwolf gedrehtem durchwachsenem Speck mischen. Zusätzlich 40 g Stangensellerie, fein gehackt, und ½ TL gehackte Wacholderbeeren zugeben.

AUS WALD, WIESE UND GEWÄSSERN

Es macht besonders viel Spaß, Leckeres zu pflücken, das die Natur einfach herschenkt. Selbst Stadtbewohner finden in Parks Holunderbüsche. Die Blütezeit ist Mai bis Mitte Juni – also Augen offen halten!

Holunderblüten-Rhabarber-Dessert

FÜR 8 PERSONEN

FÜR DAS HOLUNDERBLÜTEN-RHABARBER-GELEE:

200 ml Holunderblütensirup (siehe S. 187)

1,5 kg rotstieliger Rhabarber, geputzt, in 2 cm großen Stücken

250 g Zucker

10 g Blattgelatine (ca. 5 ½ Blätter)

FÜR DIE HOLUNDERBLÜTEN-CREME:

300 g Crème double

300 ml Vollmilch

45 g feiner Zucker

6 EL Holunderblütensirup

6 g Blattgelatine (ca. 3 Blätter)

1. Holunderblütensirup, Rhabarber, Zucker und 150 ml Wasser in einem großen Topf zugedeckt bei geringer Hitze 5 Minuten köcheln lassen, bis der Rhabarber weich ist, aber noch nicht zerfällt. Ein feines Sieb über eine Schüssel hängen und mit einem Tuch auslegen. Die Rhabarbermischung hineingeben und abtropfen lassen – das ergibt ca. 800 ml Saft. 600 g gekochten Rhabarber in eine Schüssel geben.

2. Für das Gelee die Gelatine 5 Minuten in kaltem Wasser einweichen. 150 ml Rhabarbersaft erwärmen und vom Herd nehmen. Die Gelatineblätter gut ausdrücken, zum Saft geben und warten, bis sie sich aufgelöst haben. Die Mischung in den übrigen Rhabarbersaft rühren, dann 6 Esslöffel unter den gekochten Rhabarber mischen. Das Kompott auf acht Gläser verteilen und zugedeckt kalt stellen.

3. Für die Holunderblütencreme Crème double, Milch und Zucker in einem kleinen Topf erhitzen, bis sich der Zucker gelöst hat. Den Holunderblütensirup in einem zweiten kleinen Topf ebenfalls sanft erhitzen. Inzwischen die Gelatine in kaltem Wasser 5 Minuten einweichen, gut ausdrücken und zum Sirup geben. Sobald sie sich aufgelöst hat, die Sirupmischung in die Sahnemischung rühren.

4. Die Holunderblütencreme auf den Rhabarber in die Gläser gießen und in 2 Stunden im Kühlschrank fest werden lassen.

5. Sobald der übrige Rhabarbersaft zu gelieren beginnt, den Topf in etwas warmes Wasser stellen, damit sich das Gelee wieder verflüssigt, ohne heiß zu werden. Das Gelee auf die Creme gießen und alles erneut mindestens 4 Stunden kühlen.

Frittierte Holunderblüten mit Vanillejoghurt

FÜR 6 PERSONEN

200 g Weizenmehl

1 Ei (Größe M), verquirlt

300 ml eiskaltes Mineralwasser

1 EL Grappa oder Obstschnaps, nach Belieben

200 g Vollmilch-Naturjoghurt

Mark von 1 Vanilleschote

1 EL flüssiger Honig

Sonnenblumenöl zum Frittieren

18–24 Holunderblütendolden, frisch gepflückt

Puderzucker zum Bestäuben

1. Das Mehl in eine Schüssel sieben, eine Mulde hineindrücken und das Ei zufügen. Alles nach und nach mit dem Mineralwasser zu einem glatten Ausbackteig verrühren. Falls verwendet, den Grappa untermischen. Den Teig 15–30 Minuten kalt stellen.

2. Inzwischen den Joghurt mit Vanillemark und Honig verrühren. Ausreichend Frittieröl in einem weiten, schweren Topf auf 180 °C erhitzen.

3. Die Blütendolden nacheinander am Stiel durch den Teig ziehen, überschüssigen Teig etwas abschütteln und die Blüten, falls nötig, etwas voneinander lösen. Jede Dolde im heißen Öl 1 ½ Minuten ausbacken, dann wenden und weitere 1 ½ Minuten frittieren. Die Dolden auf Küchenpapier entfetten und mit Puderzucker bestäuben. Mit dem Vanille-Honig-Joghurt servieren – aber nicht zu viel davon verwenden, um das Holunderaroma nicht zu übertönen.

Herbstlicher Beerenauflauf

FÜR 6 PERSONEN

4 Äpfel (z. B. Cox Orange), geschält, geviertelt und ohne Kerngehäuse gewürfelt

Abrieb und Saft von 1 Bio-Orange

185 g feiner Zucker

700 g Brombeeren und Holunderbeeren (gemischt)

2 EL Speisestärke, mit 2 EL Zitronensaft angerührt

2 Eier (Größe L)

175 g Weizenmehl

1 TL Backpulver

1 Prise Salz

100 ml Vollmilch

100 g Crème double

75 g Butter, zerlassen, abgekühlt, plus Butter für die Form

1. Den Backofen auf 180 °C (Umluft 160 °C) vorheizen. Apfelwürfel, Orangensaft und 110 g Zucker in einem Topf bei geringer Hitze 5 Minuten köcheln, die Beeren zugeben und 3 Minuten mitköcheln. Die angerührte Stärke untermischen und das Kompott 1 Minute unter Rühren eindicken lassen. Alles in eine gebutterte flache Auflaufform (2,5 l Fassungsvermögen) geben.

2. Eier und übrigen Zucker cremig aufschlagen, dann den Orangenabrieb untermischen. Die Hälfte des Mehls mit Backpulver und Salz darübersieben und mit jeweils der Hälfte Milch und Crème double unterheben. Die zweite Hälfte der Zutaten ebenso zugeben. Zuletzt die zerlassene Butter einrühren.

3. Den Teig auf dem Beerenkompott verteilen und 30 Minuten backen, bis die Teigkruste fest und schön gebräunt ist. Herausnehmen, etwas abkühlen lassen, mit Puderzucker bestäuben und warm mit Joghurt, Clotted Cream (siehe S. 20) oder Eiscreme servieren.

Wildpflaumen und -mirabellen sind nicht ganz leicht zu finden, doch mit normalen Pflaumen funktioniert dieses Dessert auch. Sie sollten vor dem Kochen entsteint und geviertelt werden.

Wildpflaumencreme mit Löffelbiskuits

FÜR 4–6 PERSONEN

300 g Wildpflaumen oder Wildmirabellen, entsteint und geviertelt

75 g feiner Zucker

200 ml Sahne

FÜR DIE VANILLECREME:

2 Eigelb (Größe L)

20 g feiner Zucker

Mark von ½ Vanilleschote

100 g Crème double

100 ml Vollmilch

FÜR DIE LÖFFELBISKUITS (CA. 30 STÜCK):

3 Eier (Größe L), getrennt

90 g feiner Zucker

75 g Weizenmehl

6 EL Puderzucker

1. Für die Vanillecreme die Eigelbe mit Zucker und Vanille in einer Schüssel dickschaumig schlagen. Crème double und Milch in einem Topf aufkochen und in die Eigelbmasse einrühren. Die Mischung zurück in den Topf geben und unter Rühren bei geringer Hitze köcheln, bis die Creme eindickt. In eine Schüssel umfüllen und abkühlen lassen. Mindestens 4 Stunden abgedeckt kalt stellen.

2. Die Früchte mit dem Zucker in einem Topf unter Rühren bei mittlerer Hitze erwärmen. Sobald sie Saft abgeben, die Hitze heraufschalten und ca. 5 Minuten weiterkochen, dabei gelegentlich umrühren. Das Kompott durch ein Sieb in eine Schüssel passieren, abkühlen lassen und abgedeckt kalt stellen.

3. Für die Löffelbiskuits den Backofen auf 180 °C (Umluft 160 °C) vorheizen. Die Eiweiße in einer großen Schüssel steif schlagen, dann den Zucker teelöffelweise unterrühren, bis eine glänzende Baisermasse entsteht. Die Eigelbe leicht verschlagen und einrühren, dann das Mehl darübersieben und unterheben. Die Masse in einen Spritzbeutel mit 1-cm-Lochtülle füllen und auf 2 Bleche mit Backpapier im Abstand von 5 cm jeweils 8–10 cm lange und 2 cm breite Streifen spritzen. Die Biskuits mit der Hälfte des Puderzuckers bestäuben und 5 Minuten ruhen lassen. Mit dem übrigen Puderzucker bestäuben und im Ofen 10 Minuten backen, dann herausnehmen, abkühlen lassen und in einer Dose aufbewahren.

5. Zum Servieren die Sahne steif schlagen. Vanillecreme und Pflaumenpüree unterheben, sodass eine leichte Marmorierung sichtbar bleibt. Die Löffelbiskuits dazu servieren.

Wildfruchtsirup

Ein tolles Rezept, um Holzäpfel zu verwerten! Mit Tafeläpfeln funktioniert es aber auch.

ERGIBT CA. 1,75 L

800 g Brombeeren

600 g Holunderbeeren

600 g Holzäpfel, grob zerhackt (am einfachsten mit der Pulsfunktion der Küchenmaschine)

Saft von 2 großen Zitronen

Ca. 700 g Zucker

1. Die Früchte verlesen und in einem großen Topf mit Zitronensaft und 1 l Wasser langsam aufkochen. Alles 20 Minuten köcheln.

2. Die Mischung 10 Minuten abkühlen lassen und in einem feinen Sieb über einer großen Schüssel ca. 2 Stunden abtropfen lassen, bis kein Saft mehr heraustropft. Es sollte dabei ca. 1 l Saft entstehen.

3. Den Saft abmessen, in einen großen Topf geben und pro Liter Saft 700 g Zucker zufügen. Die Mischung bei geringer Hitze erwärmen, bis sich der Zucker gelöst hat. Den Sirup sofort bis 1 cm unter dem Rand in sterilisierte Flaschen füllen, verschließen und kühl und dunkel lagern. Er hält sich bis zu 6 Monate.

Holunderblütensirup

Genau das Richtige für heiße Tage! Einfach mit Sprudel aufgießen und mit Minze und Zitronenscheibe servieren.

ERGIBT CA. 2,5 L

30–40 Holunderblütendolden

3 Bio-Zitronen

1,5 kg Zucker

50 g Zitronensäure

1. Die Holunderblüten nur falls unbedingt nötig abspülen, trocken schütteln oder schleudern und in eine große, hitzefeste Schüssel legen. Die Zitronenschale abreiben und die Früchte in Scheiben schneiden.

2. Zucker und 1,2 l Wasser in einem großen Topf unter Rühren aufkochen. Sobald sich der Zucker aufgelöst hat, die Zitronensäure untermischen, den Sirup 1–2 Minuten abkühlen lassen und über die Blüten gießen. Zitronenabrieb und -scheiben zugeben. Alles abkühlen und zugedeckt an einem kühlen Ort durchziehen lassen.

3. Den Sirup durch ein mit einem Tuch ausgelegtes Sieb gießen und bis 1 cm unter dem Rand in sterilisierte Flaschen füllen. Verschließen und kühl und trocken aufbewahren. Er hält sich bis zu 6 Monate.

Aus dem Obstgarten

Alte Obstsorten sind oft unglaublich aromatisch. Sehen Sie sich mal auf Märkten oder direkt bei den Erzeugern um!

In Somerset herrscht insgesamt ideales Klima für Obstbau, aber am berühmtesten ist die Grafschaft für ihre wunderbar saftigen Äpfel.

Obstbäume brauchen ein paar Jahre, bis sie richtig gut tragen. Aber danach kann man Jahr für Jahr ernten.

Je frischer das Obst, desto besser schmeckt es und desto mehr wertvolle Inhaltsstoffe sind enthalten. Zumindest wenn es reif ist.

Natürlich stellen wir eigenen Cider her, denn für diesen Apfelwein ist Somerset zu Recht berühmt. Herbe Äpfel eignen sich dafür am besten.

Glücklich, wer eigenes Obst anbauen kann! Nichts geht über den Geschmack einer rubinroten Pflaume frisch vom Baum oder einer selbst gepflückten Erdbeere. Und es macht richtig Spaß, mit Freunden und Familie einen Einkochmarathon zu starten! Eine Warnung allerdings vorweg: Wenn Sie Kinder zum Pflücken schicken, sollten Sie ca. 50 % Verlust einkalkulieren. Wir sprechen da aus persönlicher Erfahrung.

Semifreddo ist italienisches Eis, Eton Mess das berühmte Dessert mit Erdbeeren, Sahne und Baiser. Die Kombination von beidem ist toll! Nehmen Sie das Eis früh genug heraus, damit es noch ein bisschen antauen kann.

Eton-Mess-Semifreddo

FÜR 8 PERSONEN

300 g Erdbeeren, entkelcht, halbiert, plus einige Erdbeerhälften zum Servieren

Abrieb von 1 kleinen Bio-Zitrone

6 EL Limoncello oder Orangenlikör

3 Eier (Größe L)

50 g feiner Zucker

300 ml Sahne

50 g Baiser, zerbröselt

FÜR DIE ERDBEERSAUCE:

300 g Erdbeeren, entkelcht, halbiert

2–3 EL Puderzucker (je nach Süße der Erdbeeren)

2 TL Zitronensaft

2 TL Limoncello oder Orangenlikör

1. Für das Semifreddo Erdbeeren, Zitronenabrieb und Limoncello in der Küchenmaschine grob pürieren.

2. Die Eier trennen. Die Eigelbe mit dem Zucker dickschaumig aufschlagen. Die Sahne und die Eiweiße in separaten Schüsseln steif schlagen.

3. Erst die Sahne unter den Eigelbschaum heben, dann das Erdbeerpüree, den Eischnee und die zerbröselten Baisers untermischen. Die Creme in eine flache Form (1,5 l Fassungsvermögen) füllen und zugedeckt mindestens 7–8 Stunden oder über Nacht gefrieren lassen.

4. Für die Erdbeersauce alle Zutaten im Mixer oder mit dem Pürierstab sehr glatt pürieren. Die Mischung durch ein feines Sieb streichen und zugedeckt bis zum Servieren kalt stellen.

5. Vor dem Servieren das Semifreddo bei Zimmertemperatur antauen lassen. Mit zwei Esslöffeln Nocken auf Dessertteller setzen und mit der Sauce beträufeln. Sofort mit ein paar Erdbeerhälften servieren – das Semifreddo schmilzt schneller als gewöhnliche Eiscreme.

Probieren Sie doch mal ...

Stachelbeer-Baiser-Semifreddo: 1 kg verlesene Stachelbeeren mit 6 Holunderblütendolden und 40 g feinem Zucker erhitzen, bis die Früchte platzen. Zugedeckt 5 Min. köcheln lassen, dann die Blüten entfernen und weitere 65–75 g Zucker unterrühren. Die Hälfte der Mischung pürieren, durch ein Sieb streichen, mit 2 EL Holunderblütensirup mischen und die Sauce kalt stellen. Das übrige Stachelbeerkompott in 7–10 Min. dicklich einkochen. Ebenfalls 2 EL Holunderblütensirup einrühren und abkühlen lassen. Stachelbeerpüree und -sauce wie die Erdbeeren im Rezept oben verwenden.

Teilen – schön und gut. Aber ein ganzes Dessert für sich allein zu haben ist auch toll. Vor allem, wenn es sich um diese elegante Schichtspeise aus Beeren, Brioche und Vanillecreme handelt!

Beeren-Trifle

FÜR 4 PERSONEN

75 g Schwarze Johannisbeeren

125 g Rote Johannisbeeren, plus 4 Rispen zum Garnieren

75 g feiner Zucker

150 g Himbeeren

100 g kleine Erdbeeren, entkelcht, in kleinen Stücken

2 EL Crème de Cassis oder Himbeerlikör, nach Belieben

½ Laib Brioche (200–250 g), in 8 ca. 6 mm dicken Scheiben

100 g Crème fraîche oder geschlagene Sahne zum Garnieren

FÜR DIE VANILLECREME:

½ Vanilleschote, längs aufgeschlitzt, Mark ausgekratzt

75 ml Vollmilch

75 g Crème double

2 Eigelb (Größe M)

15 g feiner Zucker

7 g Speisestärke

1. Für die Vanillecreme in einem kleinen Topf Vanilleschote und -mark mit Milch und Crème double aufkochen und 20 Minuten ziehen lassen. Eigelbe und Zucker dickschaumig aufschlagen, dann die Stärke untermischen. Die Milch erneut aufkochen, durch ein Sieb auf den Eischaum gießen und unterrühren. Die Mischung wieder in den Topf geben und unter Rühren bei geringer Hitze köcheln, bis die Creme eindickt. In einer Schüssel abkühlen lassen.

2. Schwarze und Rote Johannisbeeren mit Zucker und 1 Esslöffel Wasser in einem Topf 2–3 Minuten erhitzen, bis die Beeren platzen, dann den Topf beiseitestellen. 1½ Esslöffel des Johannisbeersafts mit 50 g Himbeeren glatt pürieren und durch ein Sieb streichen. Das Püree mit Johannisbeeren, Erdbeeren, restlichen Himbeeren und Likör (falls verwendet) verrühren und in einem Sieb über einer Schüssel ca. drei Viertel des Beerensafts abtropfen lassen.

3. Mit einer runden Ausstechform aus der Brioche Scheiben in Dessertglasgröße ausstechen. Etwas Beerenmischung in die Gläser füllen. Die Hälfte der Briochescheiben nacheinander vollständig in dem Beerensaft tränken und darauflegen. Die übrige Beerenmischung und die übrigen saftgetränkten Briochescheiben darüberschichten.

4. Die Vanillecreme darauf verteilen und die Trifles 2 Stunden kalt stellen, bis die Creme fest ist. Vor dem Servieren jedes Glas mit etwas Crème fraîche oder Sahne und einer Johannisbeerrispe garnieren.

Auf unserem Hof haben wir ein paar Birnbäume – was für ein Glück, denn mit Birnen kochen wir am allerliebsten. Sie lassen sich genau wie Äpfel schön mit Gewürzen kombinieren.

Birnen-Gewürz-Tarte

FÜR 8 PERSONEN

FÜR DIE FÜLLUNG:

175 g zimmerwarme Butter

175 g feiner Zucker

1 Pck. Vanillezucker

2 Eier (Größe L)

40 g Weizenmehl

1 Msp. Backpulver

175 g gemahlene Mandeln

50 g Bitterschokolade (ca. 70 % Kakaoanteil), geschmolzen

2 reife Birnen (z. B. Conference)

25 g Mandelblättchen

FÜR DEN TEIG:

225 g Weizenmehl

½ TL Zimt

1 Prise Salz

65 g Puderzucker

125 g kalte Butter, in Stücken

1 Eigelb (Größe L), mit 4 TL eiskaltem Wasser verquirlt

FÜR DIE GLASUR:

75 g Puderzucker

¼ TL Zimt

1. Für den Teig Mehl, Zimt, Salz und Puderzucker in die Küchenmaschine sieben. Die Butter zugeben und alles krümelig mixen. Das verquirlte Eigelb zufügen und weitermixen, bis sich die Krümel zu einem Teig verbinden. Auf der bemehlten Arbeitsfläche kurz glatt kneten, dann dünn ausrollen. Eine Tarteform mit herausnehmbarem Boden (Ø 23 cm) mit dem Teig auskleiden, den Boden mehrfach mit einer Gabel einstechen und 20 Minuten kalt stellen.

2. Den Backofen mit einem Backblech auf 200 °C (Umluft 180 °C) vorheizen. Ein Stück Backpapier auf den Teigboden legen, getrocknete Hülsenfrüchte daraufgeben und den Boden 15 Minuten blindbacken, bis die Ränder bräunen. Papier und Hülsenfrüchte entfernen, die Form erneut in den Ofen stellen und den Teig in 5–7 Minuten goldbraun backen. Herausnehmen und die Temperatur auf 170 °C (Umluft 155 °C) reduzieren.

3. Für die Füllung Butter, Zucker und Vanillezucker schaumig schlagen. Die Eier nacheinander unterrühren, dabei mit dem zweiten 1 Esslöffel Mehl zugeben. Übriges Mehl, Backpulver und gemahlene Mandeln untermischen.

4. Den Tarteboden mit der geschmolzenen Schokolade bepinseln. Die Birnen schälen, vierteln, die Kerngehäuse entfernen und die Viertel längs in je drei Spalten schneiden. Die Birnenstücke kreisförmig auf dem Boden anordnen und die Mandelmasse darauf gleichmäßig bis zum Rand verteilen.

5. Die Tarte auf dem heißen Backblech 20 Minuten backen, dann mit den Mandelblättchen bestreuen. Die Tarte weitere 30 Minuten backen und falls nötig gegen Ende der Backzeit mit Alufolie abdecken, damit sie nicht zu stark bräunt. Herausnehmen und abkühlen lassen, dann aus der Form lösen.

6. Für die Glasur Puderzucker und Zimt in eine kleine Schüssel sieben und mit 3 Esslöffeln warmem Wasser verrühren. Die Tarte damit beträufeln.

Warum sollten nur Kinder Spaß haben? Hier kommt eine schön erwachsene Version des guten alten Wackelpuddings, der in Weingläsern richtig schick aussieht. Genau das Richtige für Partys!

Rotweingelee mit Schwarzen Johannisbeeren

FÜR 8 PERSONEN

800 g Schwarze Johannisbeeren

300 g feiner Zucker

500 ml leichter, fruchtiger Rotwein

14 g Blattgelatine (8 Blätter)

Vanillecreme (siehe S. 195) oder eiskalte Sahne zum Servieren

1. Die Johannisbeeren mit Stielen in einem Topf mit Zucker, Rotwein und 200 ml Wasser aufkochen, dabei umrühren, damit sich der Zucker auflöst. Die Mischung 15 Minuten bei geringer Hitze köcheln lassen, in ein großes, feines Sieb über einem zweiten Topf geben und abtropfen lassen. Es kann bis zu 1 Stunde dauern, bis der Saft vollständig abgetropft ist. Pressen Sie die Masse trotzdem nicht aus, sonst wird das Gelee trüb.

2. Die Gelatine in reichlich kaltem Wasser 5 Minuten einweichen. 1 l Johannisbeersaft abmessen und erneut erhitzen. Die Gelatine gut ausdrücken und in dem warmen Saft unter Rühren auflösen. Die Mischung auf 8 kleine Dessert- oder Weingläser verteilen und mindestens 6 Stunden kalt stellen.

3. Zum Servieren etwas Vanillecreme oder flüssige Sahne über das Gelee gießen.

Probieren Sie doch mal ...

Wildpflaumen-Rotwein-Gelee: Die Johannisbeeren durch 1 kg Wildpflaumen ersetzen und beim Aufkochen 1 Zimtstange (10 cm) zugeben. Dieses Dessert schmeckt mit leicht geschlagener Sahne, die mit etwas Puderzucker und Zimt gewürzt wurde.

Crumble dürfte das britischste aller Desserts sein, und diese Version mit saftigen Pflaumen und knackigen Haselnüssen ist besonders lecker. Gekrönt wird das Ganze von Clotted Cream!

Pflaumen-Crumble mit Haselnüssen

FÜR 6 PERSONEN

900 g Pflaumen

50 g feiner Zucker, plus Zucker zum Bestreuen

½ TL Zimt

1 EL Weizenmehl

Clotted Cream (siehe S. 20) zum Servieren

FÜR DAS CRUMBLE:

150 g Weizenmehl

½ TL Backpulver

95 g kalte Butter, in Stücken

50 g feiner Zucker

25 g brauner Zucker

50 g feine Haferflocken

50 g geröstete Haselnüsse, grob halbiert

1 Prise Salz

1. Für das Crumble Mehl, Backpulver und Butter in der Küchenmaschine krümelig mixen. Den feinen Zucker zugeben und weitermixen, bis sich größere Brösel verbinden. Die Mischung in eine flache Form füllen, braunen Zucker, Haferflocken, Haselnüsse und 1 Teelöffel Wasser zugeben und alles mit einer Gabel grob vermischen. Die Brösel 10 Minuten im Tiefkühlfach oder Kühlschrank kalt stellen.

2. Den Backofen auf 200 °C (Umluft 180 °C) vorheizen. Die Pflaumen halbieren, entsteinen und in grobe Stücke schneiden. Die Pflaumenstücke mit Zucker, Zimt und Mehl vermischen, dann auf sechs ofenfeste Förmchen (250 ml Fassungsvermögen) verteilen.

3. Die Crumblemischung auf die Pflaumen geben, aber nicht andrücken. Die Förmchen 25 Minuten in den Ofen geben, bis die Fruchtmasse kocht und die Brösel gebräunt sind. Die Förmchen herausnehmen und die Crumbles 5 Minuten abkühlen lassen, mit Zucker bestreuen und mit Clotted Cream servieren.

Probieren Sie doch mal ...

Beliebiges Obst der Saison. Mehl brauchen Sie nur bei sehr saftigen Früchten zu verwenden. Besonders lecker sind die Kombinationen Himbeer mit Apfel sowie Pfirsich mit Schwarzen Johannisbeeren. Mandeln statt der Haselnüsse passen z. B. gut zu Aprikosen. Und aromatisieren Sie die Früchte doch einmal: Stachelbeeren beispielsweise mit Holunderblütensirup. Es gibt unendlich viele leckere Möglichkeiten.

Gegrillte Früchte strotzen nur so von Aroma, und mit ihren gebräunten Rändern sehen sie außerdem toll aus. Das Shortbread ist schön knusprig dazu. Es geht aber auch ohne.

Zitronencreme mit gegrillten Aprikosen und Shortbread

FÜR 4 PERSONEN
300 g Crème double
75 g feiner Zucker
Abrieb und Saft von
1½ kleinen Bio-Zitronen

FÜR DIE GEGRILLTEN APRIKOSEN:
4 reife Aprikosen
Mark von ¼ Vanilleschote
2 EL feiner Zucker

FÜR DAS ZITRONEN-SHORTBREAD:
200 g kalte Butter, in Stücken,
plus Butter für die Form
200 g Weizenmehl
45 g gemahlene Mandeln
45 g Weizengrieß oder Reismehl
Abrieb von 1 großen Bio-Zitrone
100 g feiner Zucker,
plus Zucker zum Bestreuen

1. Für die Zitronencreme Crème double, Zucker und Zitronenabrieb in einem Topf aufkochen und genau 3 Minuten kochen lassen. Die Mischung vom Herd nehmen, den Zitronensaft einrühren und alles durch ein Sieb gießen. Die Creme in Tassen oder Souffléförmchen füllen und mindestens 4 Stunden fest werden lassen.

2. Für das Shortbread den Backofen auf 170 °C (Umluft 155 °C) vorheizen. Eine eckige Backform (20 x 25 cm) buttern und den Boden mit Backpapier belegen. Mehl, gemahlene Mandeln und Grieß in der Küchenmaschine mischen, Butter und Zitronenabrieb zugeben und alles krümelig mixen. Den Zucker zufügen und kurz weitermixen, bis die Krümel beginnen, sich zu einem Teig zu verbinden.

3. Den Teig gleichmäßig in die Form drücken und in 25–30 Minuten sehr hellbraun backen. Das Shortbread aus dem Ofen nehmen, mit einem Messer 32 Streifen markieren, großzügig mit Zucker bestreuen und abkühlen lassen. Das abgekühlte Shortbread aus der Form nehmen und mit einem Messer schneiden.

4. Kurz vor dem Servieren den Backofengrill auf höchster Stufe vorheizen. Die Aprikosen halbieren, entsteinen, in Spalten schneiden und auf einem Backblech verteilen. Das Vanillemark mit dem Zucker mischen und über die Aprikosen streuen. Die Aprikosen direkt unter den Grillstäben 3 Minuten grillen, bis der Zucker zu karamellisieren beginnt. Die Früchte auf der Zitronencreme verteilen und mit dem Shortbread servieren.

Unser hausgemachter Cider

Alles beginnt mit 100 % Apfelsaft. Man kann natürlich sortenreinen nehmen, aber uns schmeckt eine Mischung verschiedener Apfelsorten besser: So wird der Cider weder zu herb noch zu süß. Hier in Somerset werden spezielle Cider-Sorten angebaut: Harry Masters, Dabinett oder Court de Wick. Wir verwenden außerdem Tafeläpfel: Ashmead's Kernel, Ribston Pippin und Bramley.

1. Die Äpfel müssen vollreif gepflückt werden.
2. Nun werden sie grob gehäckselt. Das erledigt eine Maschine für uns.
3. Die entstandene Maische wird in Tücher eingeschlagen und zwischen die hölzernen Roste der Apfelpresse gelegt. Bei fünf Lagen beginnt die Pressung.
4. Wenn die Maische gepresst wird, fließt der Apfelsaft in einen Eimer, der unter der Presse steht.
5. Der Saft wird in Fässer gefüllt, die nicht verschlossen werden. Jetzt beginnen die natürlichen Hefen von der Oberfläche der Äpfel den Gärprozess.
6. Sobald er richtig in Gang gekommen ist, entsteht Schaum auf der Saftoberfläche. Wir schöpfen ihn täglich ab und füllen die Fässer mit etwas Wasser auf, bis die Gärung abgeschlossen ist.
7. Nun werden die Fässer verschlossen, damit der Cider darin reifen kann. Die Dauer hängt von den Apfelsorten und vom Wetter ab. In drei bis sechs Monaten ist der Cider trinkfertig. Cheers!

Auf den Herbstbeginn freuen wir uns jedes Jahr. Klar, es wird kälter, die Tage werden kürzer, aber jetzt ist auch die Zeit der Apfelernte. Und was könnte dann besser schmecken als Milchreis oder Bratäpfel?

Muskat-Milchreis mit Cider-Bratäpfeln

FÜR 6 PERSONEN

750 ml Vollmilch

200 g Crème double

150 g Milchreis

100 g feiner Zucker

½ TL frisch geriebene Muskatnuss

FÜR DIE CIDER-BRATÄPFEL:

75 g Butter

100 g Rohrohrzucker

200 g Rosinen oder Sultaninen

2 EL flüssiger Honig

Abrieb von 1 kleinen Bio-Orange

Abrieb von 1 Bio-Zitrone

1 TL gemahlener Piment

1 TL frisch geriebene Muskatnuss

½ TL Zimt

1 Prise gemahlene Nelken

6 Äpfel (z. B. kleine Boskop, à 200 g)

6 EL Cider (ersatzweise Cidre)

1. Für die Bratäpfel die Butter zerlassen, den Rohrohrzucker einrühren und Rosinen, Honig, Orangen- und Zitronenabrieb sowie Gewürze untermischen. Alles abkühlen lassen.

2. Den Backofen auf 190 °C (Umluft 170 °C) vorheizen. Die Kerngehäuse der Äpfel mit einem Ausstecher entfernen und die Öffnung mit einem scharfen Messer auf ca. 3 cm vergrößern. Falls nötig, die Äpfel unten flach schneiden, damit sie gut stehen. Die Apfelschale rundum horizontal einritzen. Die Früchte in eine Auflaufform setzen und die Rosinenmischung hineinfüllen. Den Cider angießen, die Form mit Alufolie abdecken und die Äpfel 30 Minuten im Ofen backen. Die Folie abnehmen und die Äpfel weitere 10 Minuten backen, bis sie weich sind und die Sauce dicklich.

3. Inzwischen für den Milchreis Milch, Crème double, Reis, Zucker und Muskat in einem Topf aufkochen und 30–35 Minuten köcheln lassen, bis der Milchreis weich und dick ist. Dabei gelegentlich rühren. Den fertigen Milchreis vom Herd ziehen, 5–10 Minuten ruhen lassen und mit den Äpfeln servieren.

Probieren Sie doch mal …

Vanille-Bratpflaumen: 700 g halbierte, entsteinte Pflaumen mit der Schnittfläche nach oben in eine Auflaufform legen. Das Mark von 1 Vanilleschote mit 50 g feinem Zucker mischen, die Schote vierteln und zwischen die Pflaumen stecken. Die Pflaumen mit dem Vanillezucker bestreuen, mit 3 EL Wasser beträufeln und 30–45 Minuten wie oben backen, bis sie weich sind und der Saft eindickt.

Wer Bratäpfel mit Vanillesauce mag, der wird dieses Rezept lieben – denn hier wird beides in einem Kuchen kombiniert. Die Zusammenstellung ist einfach genial.

Warmer Apple-Pie

FÜR 8–10 PERSONEN

FÜR DEN TEIG:

400 g Weizenmehl, plus Mehl für die Arbeitsfläche

1 Msp. Backpulver

50 g Speisestärke

1 große Prise Salz

275 g kalte Butter, in Stücken

100 g Rohrohrzucker

1 Pck. Vanillezucker

3 Eigelb (Größe L), mit 2 EL kaltem Wasser verquirlt

Etwas verschlagenes Ei zum Bestreichen

2 EL Zucker zum Bestreuen

FÜR DIE FÜLLUNG:

1,25 kg Äpfel (z. B. Cox Orange), geschält und ohne Kerngehäuse dünn geschnitten

2 Eier (Größe M)

2 Eigelb (Größe M)

100 g flüssiger Honig

1 EL Weizenmehl

250 g Crème double

1 Pck. Vanillezucker

Sahne oder Vanillesauce zum Servieren

1. Für den Teig Mehl, Backpulver, Stärke und Salz in die Küchenmaschine sieben. Die Butter zugeben und alles krümelig mixen. Zucker, Vanillezucker und Eigelbe zufügen und weitermixen, bis sich die Mischung zu einem Teig verbindet. Den Teig auf der bemehlten Arbeitsfläche kurz glatt kneten. 325 g Teig abnehmen.

2. Den übrigen Teig dünn auf 30 cm ausrollen, eine Tarteform (Ø 23 cm) mit herausnehmbarem Boden damit auslegen und überstehende Ränder abschneiden. 20 Minuten kühlen. Teigränder mit übrigem Teig verkneten und kühl stellen. Inzwischen den Backofen auf 170 °C (Umluft 155 °C) vorheizen.

3. Ein Stück Backpapier auf den Teigboden legen, getrocknete Hülsenfrüchte daraufgeben und den Boden 20 Minuten blindbacken, bis die Ränder bräunen. Papier und Hülsenfrüchte entfernen, die Form erneut in den Ofen stellen und den Teig in 10 Minuten goldbraun backen. Herausnehmen und abkühlen lassen.

4. Die Äpfel in eine große Schüssel geben. Eier, Eigelbe, Honig und Mehl glatt rühren, dann Crème double und Vanillezucker untermischen. Alles über die Äpfel gießen. Die Füllung auf dem Boden kuppelförmig verteilen.

5. Den übrigen Teig zu einem Kreis (Ø 25 cm) ausrollen, die Ränder mit Ei bestreichen und die Teigplatte als Deckel auf den Kuchen legen. Die Ränder gut andrücken. Einen kleinen Einschnitt in der Mitte machen, den Deckel mit Ei bestreichen und mit Zucker bestreuen. Den Kuchen 1 Stunde 30 Minuten backen. Mit Alufolie abdecken, sobald er braun genug ist. Der Kuchen ist fertig, wenn die Äpfel weich sind – mit einem Holzstäbchen testen. Vor dem Servieren 30 Minuten abkühlen lassen. Sahne oder Vanillesauce dazu reichen.

Dieses Rezept ergibt mehr Konfitüre, als für die Torte benötigt wird. Sie hält sich im Kühlschrank einige Wochen und schmeckt im Joghurt, auf Scones und natürlich auf Toast.

Sponge Cake mit Himbeerkonfitüre und Zitronencreme

> **Probieren Sie doch auch ... Erdbeer-Rhabarber-Torte:** Dazu die Himbeer- durch Erdbeer-Rhabarber-Konfitüre (siehe S. 72) ersetzen. Die Sahne mit 2 EL Holunderblütensirup aufschlagen (siehe S. 187). 100 g Puderzucker mit 4 TL Holunderblütensirup und 1–1½ TL warmem Wasser verrühren und die Torte damit glasieren.

FÜR 8 PERSONEN

30 g Butter, zerlassen, abgekühlt, plus Butter für die Form

190 g Weizenmehl, plus Mehl zum Bestäuben

4 Eier (Größe L)

300 g feiner Zucker

1 TL Backpulver

1 Prise Salz

Puderzucker zum Bestäuben

FÜR DIE KONFITÜRE:

500 g reife Himbeeren

500 g feiner Zucker

2 TL Zitronensaft

FÜR DIE ZITRONENCREME:

200 ml Sahne

2 EL Puderzucker

Abrieb von 1 kleinen Bio-Zitrone

2 TL Zitronensaft

1. Für die Konfitüre den Backofen auf 180 °C (Umluft 160 °C) vorheizen. Die Himbeeren flach in einer feuerfesten Form verteilen, den Zucker in einer zweiten. Beides im Ofen 30 Minuten backen. Anschließend die Beeren in einer Schüssel rasch mit Zucker und Zitronensaft verrühren, abkühlen lassen und zugedeckt kalt stellen.

2. Zwei Springformen (Ø 24 cm) buttern und die Böden mit Backpapier auslegen, erneut buttern und mit Mehl auskleiden. Den Ofen auf 190 °C (Umluft 170 °C) heraufschalten.

3. Die Eier trennen. Die Eigelbe mit dem Zucker 2 Minuten schaumig schlagen, dann 100 ml warmes Wasser zugeben und die Masse 10 Minuten weiterschlagen, bis sie dickschaumig ist und glänzt. Mehl, Backpulver und Salz darübersieben und unterheben. Die zerlassene Butter einrühren, die Eiweiße steif schlagen und den Eischnee unterheben.

4. Die Mischung auf die beiden Formen verteilen und 18–20 Minuten backen, bis die Kuchen goldbraun werden und sich vom Springformrand lösen. Die Kuchen aus den Formen nehmen und auf einem Kuchengitter abkühlen lassen.

5. Einen Kuchenboden mit der Oberseite nach unten auf eine Kuchenplatte legen und mit 6–8 Esslöffeln Konfitüre bestreichen. Die Sahne mit Puderzucker, Zitronenabrieb und -saft steif schlagen und auf die Unterseite des zweiten Bodens streichen. Mit der Sahneseite auf den unteren Boden legen und mit Puderzucker bestäuben.

AUS DEM OBSTGARTEN

Dieser Kuchen schmeckt warm und frisch aus dem Ofen mit Vanillesauce als Dessert, und abgekühlt kommt er zum Tee auf den Tisch. Gerne auch vormittags.

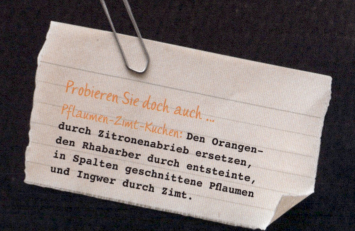

Probieren Sie doch auch ...
Pflaumen-Zimt-Kuchen: Den Orangenabrieb durch Zitronenabrieb ersetzen, den Rhabarber durch entsteinte, in Spalten geschnittene Pflaumen und Ingwer durch Zimt.

Rhabarber-Orangen-Kuchen

FÜR 8–10 PERSONEN

250 g Rhabarber, geputzt, in 4 cm großen Stücken

350 g Rohrohrzucker

Abrieb und Saft von 1 großen Bio-Orange

300 g zimmerwarme Butter, plus Butter für Form

200 g Haselnüsse, gehäutet

150 g Weizenmehl

1½ TL Backpulver

4 Eier (Größe M)

FÜR DAS TOPPING:

50 g Butter

50 g Rohrohrzucker

½ TL Ingwerpulver

100 g Haselnüsse, gehäutet und grob gehackt

1. Den Rhabarber mit 50 g Zucker und der Hälfte des Orangenabriebs mischen und 20 Minuten zugedeckt Saft ziehen lassen. Eine eckige Backform (20 x 25 cm) buttern und mit Backpapier auslegen. Den Backofen auf 190 °C (Umluft 170 °C) vorheizen.

2. Die Haselnüsse in der Küchenmaschine fein hacken. Mehl und Backpulver zugeben und alles zusammen fein mixen.

3. Die Butter mit übrigem Zucker und Orangenabrieb schaumig schlagen und die Eier nach und nach unterrühren. Die Mehlmischung und 4 Esslöffel Orangensaft unterheben. Den Teig in die Form geben und glatt streichen. Die Rhabarbermischung darauf verteilen und den Kuchen 25 Minuten backen.

4. Inzwischen für das Topping die Butter in einem kleinen Topf zerlassen. Zucker, Ingwer und Haselnüsse unterrühren.

5. Den Kuchen aus dem Ofen nehmen und das Topping darauf verteilen. Die Ofentemperatur auf 180 °C (Umluft 160 °C) reduzieren und den Kuchen weitere 20 Minuten backen, bis an einem hineingesteckten Holzstäbchen kein Teig mehr haften bleibt. Den Kuchen in der Form abkühlen lassen, dann herausnehmen und in Stücke schneiden.

AUS DEM OBSTGARTEN

Im vorletzten Jahrhundert galt die Quitte als Königin des Gartens. Danach geriet sie in Vergessenheit – zu Unrecht, wie wir finden! Wenn Sie keine finden, können Sie diesen warmen Dessertkuchen auch mit Äpfeln backen.

Kopfüber gebackener Quitten-Ingwer-Kuchen

FÜR 8 PERSONEN

900–1000 g Quitten (4–5 große Früchte)

1 EL Zitronensaft

175 g feiner Zucker

170 g Butter, plus Butter für die Form

100 g Weizenmehl

2 TL Ingwerpulver

1 TL Zimt

¼ TL gemahlene Nelken

¼ TL frisch geriebene Muskatnuss

¼ TL Salz

50 g Rohrohrzucker

3 Eier (Größe L)

125 g Golden Syrup (im britischen Spezialitätenregal, ersatzweise Grafschafter Karamell)

1 EL fein geriebener frischer Ingwer

1 TL Natron

1. Die Quitten schälen, vierteln und von Kerngehäusen befreien. Das Fruchtfleisch in 1 cm dicke Spalten schneiden und in eine Schale mit Zitronenwasser legen. Den Backofen auf 180 °C (Umluft 160 °C) vorheizen.

2. Den feinen Zucker mit 4 Esslöffeln Wasser in einer großen Pfanne bei geringer Hitze auflösen und in 3–4 Minuten bernsteinfarben karamellisieren lassen. Die Pfanne vom Herd nehmen, 50 g Butter zugeben und durch Schwenken untermischen.

3. Die Quittenstücke abgießen und trocken tupfen, dann in die Pfanne geben und in 7–8 Minuten weich kochen, dabei gelegentlich wenden. Die Früchte mit einem Schaumlöffel in einer gebutterten Springform (Ø 24 cm) verteilen. Den Sirup dicklich einkochen und über die Quitten gießen.

4. Mehl, Gewürze und Salz in eine Schüssel sieben. Die übrige Butter schaumig rühren, den braunen Zucker zugeben und 3 Minuten unterschlagen, dann einzeln die Eier einrühren. Falls sich die Masse trennt, ist das nicht schlimm. Sirup und Ingwer untermischen, dann die Hälfte der Mehlmischung einrühren. Das Natron in 2 Esslöffeln kochendem Wasser auflösen und untermischen, dann das übrige Mehl einrühren. Den Teig auf die Quitten geben. Den Kuchen 15 Minuten backen, dann mit Alufolie abdecken und den Ofen auf 170 °C (Umluft 155 °C) herunterschalten. Den Kuchen 25–30 Minuten weiterbacken, bis an einem hineingesteckten Holzstäbchen kein Teig mehr kleben bleibt.

5. Den Kuchen in der Form 10 Minuten abkühlen lassen, dann stürzen und servieren.

Auch die Stachelbeere gehört zu den verkannten Früchten. Roh wirkt sie etwas spröde: hart, stachlig und sauer. Aber wenn sie mit Zucker langsam gekocht wird, entfaltet sie ihr ganzes Aroma.

Stachelbeer-Baiser-Törtchen

ERGIBT 8 TÖRTCHEN

FÜR DEN TEIG:

225 g Weizenmehl, plus Mehl zum Verarbeiten

¼ TL Salz

65 g Puderzucker

125 g kalte Butter, in Stücken, plus Butter für die Förmchen

1 Eigelb (Größe L), mit 4 TL kaltem Wasser verquirlt

FÜR DIE FÜLLUNG:

900 g Stachelbeeren, geputzt

Abrieb und Saft von 1 Bio-Zitrone

150 g feiner Zucker

2 EL Speisestärke, mit 2 EL kaltem Wasser angerührt

3 Eigelb (Größe L)

50 g Butter

FÜR DAS BAISER:

3 Eiweiß (Größe L)

175 g feiner Zucker

1. Für den Teig Mehl, Salz und Puderzucker in die Küchenmaschine sieben. Die Butter zugeben und alles krümelig mixen. Das verschlagene Eigelb zufügen und kurz weitermixen, bis sich die Krümel zu einem Teig verbinden. Auf der bemehlten Arbeitsfläche glatt kneten, in acht Portionen teilen und 15 Minuten kühlen. Den Teig dünn ausrollen und damit acht gebutterte Tarteletteförmchen (Ø 10 cm) auslegen. Weitere 15 Minuten kalt stellen.

2. Den Backofen auf 200 °C (Umluft 180 °C) vorheizen. Die Tarteletteböden mit Alufolie belegen, getrocknete Hülsenfrüchte daraufgeben und die Böden 15 Minuten blindbacken, bis die Ränder bräunen. Folie und Hülsenfrüchte entfernen und die Böden in 3–5 Minuten goldbraun backen.

3. Inzwischen für die Füllung die Stachelbeeren mit 2 Esslöffeln Zitronensaft und dem Zucker in einen Topf geben und zugedeckt 15 Minuten köcheln, dabei gelegentlich umrühren. Die Stachelbeeren in ein Sieb gießen und den abgetropften Saft auf ca. 200 ml einkochen. Angerührte Stärke, Stachelbeeren und Zitronenabrieb einrühren und alles unter Rühren 2 Minuten eindicken lassen. Die Mischung vom Herd nehmen, etwas abkühlen lassen, dann Eigelbe und Butter einrühren. Die Masse auf die Böden verteilen und abkühlen lassen.

4. Den Ofen auf 170 °C (Umluft 155 °C) herunterschalten. Die Eiweiße halb steif schlagen und den Zucker esslöffelweise unterrühren, bis die Masse steif ist und glänzt. Das Baiser auf die Füllung streichen und mit einer Messerspitze wellenförmig verzieren. Die Törtchen in 15 Minuten hellbraun backen und warm oder kalt servieren.

In diesem Rezept wird clevererweise das Eiweiß für das Baiser verwendet und das Eigelb für den Curd: Wenn das nicht ökonomisch ist!

Haselnuss-Pavlovas mit Maracuja-Curd

FÜR 4 PERSONEN

150 g frische Haselnüsse mit Schale oder 40 g gehäutete Haselnusskerne

3 Eiweiß (Größe L)

1 Prise Salz

175 g feiner Zucker

1 TL Speisestärke

½ TL Weißweinessig

150 ml Sahne, leicht geschlagen, zum Servieren

Fruchtfleisch von 4 reifen Passionsfrüchten (Maracujas), zum Servieren

FÜR DEN MARACUJA-CURD:

Fruchtfleisch von 12 großen, reifen Passionsfrüchten (Maracujas)

3 Eier (Größe L)

3 Eigelb (Größe L)

175 g feiner Zucker

120 g Butter

1. Für den Curd das Maracuja-Fruchtfleisch in einem Topf bei geringer Hitze aufkochen, vom Herd nehmen und 5 Minuten unter Rühren abkühlen lassen, dann durch ein Sieb streichen (ergibt ca. 200 ml Saft).

2. Eier, Eigelbe, Maracujasaft, Zucker und Butter in einer Schüssel über einem Topf mit köchelndem Wasser erhitzen und unter Rühren in 15 Minuten dick werden lassen. Der Curd ist fertig, wenn Tropfspuren auf der Oberfläche sichtbar bleiben. Den Curd in zwei sterilisierte Gläser (à 350 g) füllen, verschließen und abkühlen lassen. Er hält sich im Kühlschrank 3–4 Wochen.

3. Für die Pavlovas den Ofen auf 200 °C (Umluft 180 °C) vorheizen. Die Nüsse auf einem Blech ausbreiten und 6–7 Minuten rösten. Etwas abkühlen lassen und grob hacken. Den Ofen auf 140 °C (Umluft 125 °C) herunterschalten.

4. Die Eiweiße mit einer Prise Salz steif schlagen. Den Zucker esslöffelweise unterrühren, sodass eine steife, glänzende Baisermasse entsteht. Zuletzt Stärke und Essig untermischen. Die gehackten Nüsse unterheben.

5. Vier große Esslöffel Baisermasse auf zwei Bleche mit Backpapier setzen und mit dem Löffelrücken zu Törtchen (Ø 10 cm) formen. Die Mitte etwas eindrücken. Die Pavlovas in 40–45 Minuten sehr hell backen, dann im Ofen abkühlen lassen.

6. Zum Servieren etwas Schlagsahne und Maracuja-Curd auf die Pavlovas löffeln und das Maracuja-Fruchtfleisch darauf verteilen. Sofort servieren, damit das Baiser nicht weich wird.

Rezeptliste

Frühstück

Apfel-Himbeer-Granola 51
Apfel-Honig-Müsli mit Früchten und Nüssen 51
Pancakes mit Honig-Vanille-Butter 53
Cheddar Farls mit Spiegelei und knusprigem Speck 54

Suppen

Grüne Spargelcremesuppe mit pochierten Eiern ... 78
Ofentomatensuppe mit Käse-Muffins 81
Pilzsuppe 163
Sellerie-Stilton-Suppe mit heißen Kartoffelscones 23

Salate

Fenchel-Dinkel-Salat mit Cranberry-Granatapfel-Dressing 85
Herbstsalat mit Birne, Granatapfel, Blauschimmelkäse und karamellisierten Walnüssen ... 86
Lauwarmer Hähnchensalat mit Estragondressing .. 123
Röstkartoffelsalat mit Entenei und Blutwurst .. 108
Rote-Bete-Salat mit Granatapfel 89
Salat von Roter Bete mit Ziegenkäse und Dill ... 89
Sommergrüne Taboulé 90

Vorspeisen und Snacks

Bohnenpüree auf Mozzarella-Rucola-Crostini mit Zitronenöl 82
Eier in Wursthülle mit Salbei und Zitrone 112
Fenchelgebeizte Forelle mit Senf-Meerrettich-Sauce 164
Hähnchenleberparfait mit Zwiebel-Rosinen-Chutney 117
Möhren-Koriander-Plätzchen mit grüner Joghurt-sauce 94
Rindfleisch-Sandwich mit senfiger Sauce tartare .. 134
Rustikale Wildterrine mit grünem Pfeffer 168
Überbackene Ziegenkäsesoufflés mit Radieschen-Brunnenkresse-Salat 27
Wiesenchampignons in Knoblauchbutter auf Toast 162

Hauptgerichte: Gemüse

Blumenkohl-Käse-Kuchen mit karamellisierten Zwiebeln 114
Filoteig-Auflauf mit Bärlauch 160
Kürbis-Mangold-Tarte mit roten Zwiebeln 92
Lauch-Hafer-Tarte mit Blauschimmelkäse 28
Mangold-Ricotta-Cannelloni mit Zitrone 24
Rote-Bete-Kartoffel-Pies mit Crème fraîche 95
Überbackener Blumenkohl mit Kirschtomaten und Speck 98
Zucchini-Tomaten-Gratin mit gerösteter Paprika 97

Hauptgerichte: Fisch

Forellenfrikadellen mit Zitronenbuttersauce 31
Ofengebackene Forelle mit Speck-Ysop-Füllung .. 167

Hauptgerichte: Geflügel

Apfel-Cider-Hähnchen 118
Brathähnchen mit Thymian, Zitrone und Knoblauch 121
Gebratene Entenbrust mit Johannisbeer-Orangen-Sauce 127
Gebratener Fasan mit Graupen-Pilz-Risotto 170
Geschmortes Rotweinhähnchen mit Champignons und Speck 120
Hähnchen-Pilz-Lasagne 124
Honigglasierte Gans mit Portweinsauce und Gewürzapfelkompott 128
Knusprige Hähnchenschenkel mit Parmesan 114

Hauptgerichte: Fleisch

Bacon-and-Egg-Tarte 111
Biergeschmortes Rinderragout mit Teigkruste .. 137
Cottage-Pie mit Graupen 140
Glasierter Orangenschinken mit Kartoffelgratin 144
Herzhafter Eintopf mit Grünkohl und weißen Bohnen 102
Honigkoteletts mit Spitzkohl und Selleriepüree . 146
In Cider geschmortes Kaninchen mit Senf und Crème fraîche 177
Lammkeule mit Rosmarin-Knoblauch-Pesto 149
Rehragout mit Kräuterklößchen 176
Lammkoteletts vom Grill mit würzigen Nieren .. 153

Lauwarmer Lammfleischsalat mit Erbsen, Minze und Feta..... 101
Ribeye-Braten mit Senfkruste und Yorkshire Pudding..... 138
Rinderragout mit Makkaroniauflauf..... 176
Schweinebraten mit Butteräpfeln, Zitronenmöhren und Apfelweinsauce..... 143
Speck-Fleischbällchen in Tomatensauce mit Pasta..... 148
Sumatra-Lammcurry..... 154
Wildburger mit würzigem Rote-Bete-Relish..... 179
Wildpastete mit Fleischbällchen..... 175

Desserts

Beeren-Trifle..... 195
Brandy-Creme mit Haferkrokant und Blaubeeren..... 34
Eton-Mess-Semifreddo..... 192
Frittierte Holunderblüten mit Vanillejoghurt..... 183
Haselnuss-Pavlovas mit Maracuja-Curd..... 216
Herbstlicher Beerenauflauf..... 183
Holunderblüten-Rhabarber-Dessert..... 180
Kopfüber gebackener Quitten-Ingwer-Kuchen..... 214
Mohn-Zitronen-Eiskuchen mit Johannisbeerkompott..... 37
Muskat-Milchreis mit Cider-Bratäpfeln..... 206
Muskat-Puddingtarte..... 41
Orangen-Joghurt-Käsekuchen..... 32
Pflaumen-Crumble mit Haselnüssen..... 200
Pudding aus Milch und Honig..... 34
Rotweingelee mit Schwarzen Johannisbeeren..... 198
Schnee-Eier mit roten Sommerbeeren..... 43
Stachelbeer-Baiser-Törtchen..... 215
Warmer Apple-Pie..... 209
Wildpflaumencreme mit Löffelbiskuits..... 184
Zitronen-Brotauflauf mit Rosinen..... 38
Zitronencreme mit gegrillten Aprikosen und Shortbread..... 203

Teatime

Apfelkuchen mit Cider..... 59
Birnen-Gewürz-Tarte..... 196
Brombeerschnitten mit Mandeln..... 64
Erdbeer-Rhabarber-Torte..... 210
Gewürzkuchen mit Karamell-Frosting..... 67
Joghurt-Kirsch-Scones mit weißer Schokolade..... 56
Johannisbeer-Blondies..... 61
Ländlicher Früchtekuchen..... 60
Rhabarber-Orangen-Kuchen..... 213
Schokokuchen mit Knusperkaramell..... 63
Sponge Cake mit Himbeerkonfitüre und Zitronencreme..... 210
Zitronen-Joghurt-Kuchen mit Himbeeren..... 44

Brote

Sodabread..... 68
Walnussbrot mit Cider..... 70

Eingemachtes

Holunderblütensirup..... 187
Quitten-Orangen-Marmelade..... 71
Rhabarber-Erdbeer-Konfitüre..... 72
Wildfruchtsirup..... 187

Bemerkungen

Bei Eiern sind immer solche aus Freilandhaltung gemeint; Größe M, sofern nicht anders angegeben. Kräuter sollten frisch, Salz sollte Meersalz und Pfeffer schwarzer, frisch gemahlener sein. Alle Löffelangaben beziehen sich auf gestrichene Löffel.

Schwangere, Kleinkinder und Kranke sollten Gerichte meiden, in denen Eier nicht vollständig durchgegart werden.

Wir sind uns sicher, dass regionale, saisonale Lebensmittel einfach besser schmecken. Wenn Sie können, dann kaufen Sie solche.

Register

A
Äpfel
- Apfel-Cider-Hähnchen 118
- Apfel-Himbeer-Granola 51
- Apfel-Honig-Müsli mit Früchten und Nüssen 51
- Apfelkuchen mit Cider 59
- Apfel-Pekan-Cranberry-Salat 86
- Apple-Pie 209
- Fenchel-Dinkel-Salat 85
- Honigglasierte Gans mit Gewürzapfelkompott 128
- Rote-Bete-Relish 179
- Schweinebraten mit Butteräpfeln 143

Aprikosen, Gegrillte 203
Auberginengratin 97

B
Bacon-and-Egg-Tarte 111
Bananenmilchshake 20
Bärlauch, Filoteig-Auflauf mit 160
Beerenauflauf, Herbstlicher 183
Beeren-Trifle 195
Birnen
- Birnen-Dattel-Kuchen mit Pekannüssen 59
- Birnen-Gewürz-Tarte 196
- Herbstsalat mit Birne, Granatapfel, Blau-
schimmelkäse und karamellisierten Walnüssen 86

Blaubeer-Brotauflauf 38
Blondies: Johannisbeer-Blondies 61
**Blumenkohl, Überbackener, mit Kirschtomaten
und Speck** 98
**Blumenkohl-Käse-Kuchen mit karamellisierten
Zwiebeln** 114
Bohnenpüree auf Mozzarella-Rucola-Crostini 82
Brandy-Creme mit Haferkrokant und Blaubeeren 34
Bratäpfel: Cider-Bratäpfel 206
Brathähnchen mit Thymian, Zitrone und Knoblauch ... 121
Brombeeren
- Brombeerschnitten mit Mandeln 64
- Herbstlicher Beerenauflauf 183
- Wildfruchtsirup 187

Brot
- Brotauflauf 38
- Käse-Hafer-Brot 68
- Rosmarin-Oliven-Brot 68
- Schnelles Roggenbrot 70
- Sodabread 68
- Tomaten-Thymian-Brot 68
- Walnussbrot mit Cider 70

Brownies: Himbeer-Brownies 61
Burger: Wildburger 179
Butter 17
- Pancakes mit Honig-Vanille-Butter 53

C
Cannelloni: Mangold-Ricotta-Cannelloni 24
Cheddar Farls mit Spiegelei und knusprigem Speck ... 54
Choc-Chip-Cookies 49

Chutney: Zwiebel-Rosinen-Chutney 117
Cider 204
Clotted Cream 20
Clotted-Cream-Eis 20
Cornflake-Eiskuchen 37
Cottage-Pie mit Graupen 140
Cranberry-Orangen-Scones 56
Crème fraîche 19
Crostini: Mozzarella-Rucola-Crostini 82
Crumble: Pflaumen-Crumble 200
Curry: Sumatra-Lammcurry 154

E
Eier
- Bacon-and-Egg-Tarte 111
- Eier in Wursthülle mit Salbei und Zitrone 112
- Grüne Spargelcremesuppe mit pochierten Eiern ... 78
- Röstkartoffelsalat mit Entenei und Blutwurst ... 108

Eiscreme
- Clotted-Cream-Eis 20
- Cornflake-Eiskuchen 37
- Eton-Mess-Semifreddo 192
- Mohn-Zitronen-Eiskuchen 37
- Stachelbeer-Baiser-Semifreddo 192

Entenbrust mit Johannisbeer-Orangen-Sauce 127
Erdbeeren
- Beeren-Trifle 195
- Erdbeermilchshake 20
- Erdbeer-Rhabarber-Torte 210
- Eton-Mess-Semifreddo 192
- Rhabarber-Erdbeer-Konfitüre 72
- Schnee-Eier mit roten Sommerbeeren 43

Erdnussmilchshake 20
Eton-Mess-Semifreddo 192

F
Fasan
- Fasanen-Sellerie-Burger 179
- Gebratener Fasan mit Graupen-Pilz-Risotto 170

Fenchel-Dinkel-Salat mit Cranberry-Dressing 85
Feta-Paprika-Dip 15
Filoteig-Auflauf mit Bärlauch 160
Fleischbällchen: Speck-Fleischbällchen 148
Forelle
- Fenchelgebeizte Forelle 164
- Forellenfrikadellen mit Zitronenbuttersauce 31
- Ofengebackene Forelle mit Speck-Ysop-Füllung ... 167

Frischkäse 18
Frischkäse-Herzen 18
Früchtekuchen, Ländlicher 60
Frühlingszwiebel-Joghurt-Farls 54

G
**Gans, Honigglasierte, mit Portweinsauce und
Gewürzapfelkompott** 128
Gewürzkuchen mit Karamell-Frosting 67
Granola: Apfel-Himbeer-Granola 51

Gratin 97
Graupen-Pilz-Risotto 170
Grünkohl, Herzhafter Eintopf mit weißen Bohnen 102

H

Hähnchenleberparfait mit Zwiebel-Rosinen-Chutney 117
Hähnchen-Pilz-Lasagne 124
Hähnchensalat, Lauwarmer, mit Estragondressing 123
Hähnchenschenkel, Knusprige, mit Parmesan 114
Haselnuss-Pavlovas mit Maracuja-Curd 216
Herbstsalat mit Birne, Granatapfel, Blauschimmelkäse und karamellisierten Walnüssen 86
Himbeeren
    Apfel-Himbeer-Granola 51
    Beeren-Trifle 195
    Biskuittorte mit Ofen-Himbeerkonfitüre und Zitronencreme 210
    Himbeer-Brownies 61
    Himbeerkonfitüre 210
    Schnee-Eier mit roten Sommerbeeren 43
    Zitronen-Joghurt-Kuchen mit Himbeeren 44
Holunder
    Frittierte Holunderblüten mit Vanillejoghurt ... 183
    Herbstlicher Beerenauflauf 183
    Holunderblüten-Rhabarber-Dessert 180
    Holunderblütensirup 187
    Wildfruchtsirup 187
Honigkoteletts mit Spitzkohl und Selleriepüree 146
Hühnerfleisch
    Apfel-Cider-Hähnchen 118
    Brathähnchen mit Thymian, Zitrone und Knoblauch 121
    Geschmortes Rotweinhähnchen mit Champignons und Speck 120
    Hähnchenleberparfait mit Zwiebel-Rosinen-Chutney 117
    Hähnchen-Pilz-Lasagne 124
    Hähnchensalat, Lauwarmer, mit Estragondressing 123
    Hähnchenschenkel, Knusprige, mit Parmesan ... 114
    Hühnerbrühe 120
    Lauwarmer Hähnchensalat mit Estragondressing ... 123

J

Joghurt
    Joghurt 14
    Joghurtkäse (Labneh) 14
    Joghurt-Kirsch-Scones mit weißer Schokolade 56
    Orangen-Joghurt-Käsekuchen 32
Johannisbeeren
    Beeren-Trifle 195
    Johannisbeer-Blondies 61
    Johannisbeerkompott 37
    Johannisbeer-Orangen-Sauce 127
    Schnee-Eier mit roten Sommerbeeren 43

K

Kaninchen, Geschmortes, mit Senf und Crème fraîche 177

Kartoffeln
    Kartoffelgratin 144
    Kartoffelscones 23
    Röstkartoffelsalat mit Entenei und Blutwurst 108
    Selleriepüree 146
Käse (s. auch Ricotta)
    Cheddar Farls mit Spiegelei und Speck 54
    Frischkäse 18
    Joghurtkäse (Labneh) 14
    Käse-Hafer-Brot 68
    Käse-Polpetti, Italienische 148
    Kürbis-Mangold-Tarte mit roten Zwiebeln 92
    Lauch-Hafer-Tarte mit Blauschimmelkäse 28
    Ofentomatensuppe mit Käse-Muffins 81
    Sellerie-Stilton-Suppe mit Kartoffelscones 23
    Überbackene Ziegenkäsesoufflés mit Radieschen-Brunnenkresse-Salat 27
    Überbackener Blumenkohl 98
Käsekuchen: Orangen-Joghurt-Käsekuchen 32
Kohl: Honigkoteletts mit Spitzkohl 146
Kuchen
    Birnen-Dattel-Kuchen mit Pekannüssen 59
    Birnen-Gewürz-Torte 196
    Brombeerschnitten mit Mandeln 64
    Erdbeer-Rhabarber-Torte 210
    Gewürzkuchen mit Karamell-Frosting 67
    Himbeer-Brownies 61
    Johannisbeer-Blondies 61
    Kopfüber gebackener Quitten-Ingwer-Kuchen 214
    Ländlicher Früchtekuchen 60
    Orangen-Joghurt-Käsekuchen 32
    Pflaumen-Zimt-Kuchen 213
    Rhabarber-Orangen-Kuchen 213
    Schokokuchen mit Knusperkaramell 63
    Sponge Cake mit Himbeerkonfitüre und Zitronencreme 210
    Stachelbeer-Baiser-Törtchen 215
    Warmer Apple-Pie 209
    Zitronen-Joghurt-Kuchen mit Himbeeren 44
Kürbis-Mangold-Tarte mit roten Zwiebeln 92

L

Lammfleisch
    Lammfleischsalat mit Erbsen, Minze und Feta 101
    Lammkeule mit Rosmarin-Knoblauch-Pesto 149
    Lammkoteletts vom Grill mit würzigen Nieren ... 153
    Sumatra-Lammcurry 154
Lauch-Hafer-Tarte mit Blauschimmelkäse 28
Löffelbiskuits 184

M

Mangold-Ricotta-Cannelloni mit Zitrone 24
Maracuja-Curd 216
Milchreis: Muskat-Milchreis 206
Milchshakes 20
Mohn-Zitronen-Eiskuchen mit Johannisbeerkompott 37
Möhren: Möhren-Koriander-Plätzchen 94
Muffins: Käse-Maismehl-Muffins 81
Muskat-Milchreis mit Cider-Bratäpfeln 206
Muskat-Puddingtarte 41
Müsli: Apfel-Honig-Müsli 51

N
Nieren, Würzige 153
Nudelauflauf 98

O
Ofentomatensuppe mit Käse-Muffins 81
Orangen
    Orangen-Brotauflauf 38
    Orangen-Joghurt-Käsekuchen 32
    Orangenschinken, Glasierter, mit Kartoffel-
    gratin 144
    Quitten-Orangen-Marmelade 71
    Salat von Roter Bete mit Ziegenkäse und Dill 89

P
Pancakes: Pancakes mit Honig-Vanille-Butter 53
Paprika
    Feta-Paprika-Dip 15
    Zucchini-Tomaten-Gratin mit gerösteter
    Paprika 97
Pasta
    Hähnchen-Pilz-Lasagne 124
    Mangold-Ricotta-Cannelloni mit Zitrone 24
    Speck-Fleischbällchen mit Pasta 148
    Tagliatelle mit Crème fraîche, Butter und Käse .. 19
Pflaumen
    Pflaumen-Crumble mit Haselnüssen 200
    Pflaumen-Zimt-Kuchen 213
    Vanille-Bratpflaumen 206
Pilze
    Gebackene Wiesenchampignons 162
    Gebratener Fasan mit Graupen-Pilz-Risotto 170
    Hähnchen-Pilz-Lasagne 124
    Pilzsuppe 163
    Wiesenchampignons in Knoblauchbutter auf Toast. 162
Pudding aus Milch und Honig 34
Puddingtarte: Muskat-Puddingtarte 41

Q
Quitten-Ingwer-Kuchen, Kopfüber gebackener 214
Quitten-Orangen-Marmelade 71

R
Radieschen-Brunnenkresse-Salat 27
Rehragout mit Kräuterklößchen 176
Rhabarber
    Erdbeer-Rhabarber-Torte 210
    Holunderblüten-Rhabarber-Dessert 180
    Rhabarber-Erdbeer-Konfitüre 72
    Rhabarber-Orangen-Kuchen 213
**Ribeye-Braten mit Senfkruste und Yorkshire
Pudding** 138
Ricotta
    Mangold-Ricotta-Cannelloni mit Zitrone 24
    Ricotta 16
    Ricotta-Pfannkuchen 53
    Ricotta-Soufflés 16
Rindfleisch
    Cottage-Pie mit Graupen 140
    Italienische Käse-Polpetti 148
    Ribeye-Braten mit Yorkshire Pudding 138
    Rinderragout 176
    Rinderragout, Biergeschmortes, mit Teigkruste .. 137
    Rindfleisch-Sandwich mit senfiger Sauce tartare .. 134
    Speck-Fleischbällchen in Tomatensauce mit
    Pasta 148
Risotto: Graupen-Pilz-Risotto 170
Roggenbrot, Schnelles 70
Rosmarin-Oliven-Brot 68
Röstkartoffelsalat mit Entenei und Blutwurst 108
Rote Bete
    Rote-Bete-Kartoffel-Pies mit Crème fraîche 95
    Rote-Bete-Relish 179
    Rote-Bete-Salat mit Granatapfel 89
    Salat von Roter Bete mit Ziegenkäse und Dill 89
Rotweingelee mit Schwarzen Johannisbeeren 198
Rotweinhähnchen mit Champignons und Speck ... 120

S
Salate
    Fenchel-Dinkel-Salat mit Cranberry-Dressing 85
    Herbstsalat mit Birne, Granatapfel, Blau-
    schimmelkäse und karamellisierten Walnüssen 86
    Lauwarmer Hähnchensalat mit Estragondressing .. 123
    Röstkartoffelsalat mit Entenei und Blutwurst 108
    Rote-Bete-Salat mit Granatapfel 89
    Salat von Roter Bete mit Ziegenkäse und Dill 89
    Sommergrüne Taboulé 90
Sandwich: Rindfleisch-Sandwich 134
Saucen
    Grüne Joghurtsauce 94
    Johannisbeer-Orangen-Sauce 127
    Sauce tartare 134
    Senf-Meerrettich-Sauce 164
    Tomatensauce 148
    Zitronenbuttersauce 31
Schinken: Glasierter Orangenschinken 144
Schnee-Eier mit roten Sommerbeeren 43
Schokolade
    Choc-Chip-Cookies 49
    Himbeer-Brownies 61
    Joghurt-Kirsch-Scones mit weißer Schokolade .. 56
    Johannisbeer-Blondies 61
    Schokokuchen mit Knusperkaramell 63
    Schokoladenmilchshake 20
Schweinefleisch
    Honigkoteletts mit Spitzkohl und Selleriepüree .. 146
    Schweinebraten mit Apfelweinsauce 143
Scones
    Cranberry-Orangen-Scones 56
    Joghurt-Kirsch-Scones mit weißer Schokolade .. 56
    Kartoffelscones 23
Selleriepüree 146
Sellerie-Stilton-Suppe mit heißen Kartoffelscones ... 23
Semifreddo: Eton-Mess-Semifreddo 192
Sirup 187
Sodabread 68
Soufflé: Überbackene Ziegenkäsesoufflés 27
Spargelcremesuppe, Grüne, mit pochierten Eiern 78
Speck
    Bacon-and-Egg-Tarte 111
    Speck-Fleischbällchen mit Pasta 148

Speckpfannkuchen mit Ahornsirup 53
Speckpflaumen, Gefüllte 168
Sponge Cake mit Himbeerkonfitüre und Zitronencreme 210
Stachelbeer-Baiser-Semifreddo 192
Stachelbeer-Baiser-Törtchen 215
Suppen
Grüne Spargelcremesuppe mit pochierten Eiern 78
Ofentomatensuppe mit Käse-Muffins 81
Pilzsuppe 163
Sellerie-Stilton-Suppe mit Kartoffelscones 23

T
Taboulé, Sommergrüne 90
Tagliatelle mit Crème fraîche, Butter und Käse .. 19
Tomaten
Ofentomatensuppe mit Käse-Muffins 81
Tomatensauce 148
Tomaten-Thymian-Brot 68
Zucchini-Tomaten-Gratin mit gerösteter Paprika .. 97
Trifle: Beeren-Trifle 195

V
Vanille-Bratpflaumen 206
Vanille-Frischkäse-Herzen 18

W
Walnussbrot mit Cider 70
Wiesenchampignons in Knoblauchbutter auf Toast 162
Wiesenchampignons, Gebackene 162
Wild
Fasanen-Sellerie-Burger 179
Gebratener Fasan mit Graupen-Pilz-Risotto 170
Geschmortes Kaninchen mit Senf und Crème fraîche 177
Rehragout mit Kräuterklößchen 176
Wildburger mit würzigem Rote-Bete-Relish 179
Wildpastete mit Fleischbällchen 175
Wildterrine, Rustikale, mit grünem Pfeffer 168
Wildfruchtsirup 187
Wildpflaumencreme mit Löffelbiskuits 184
Wildpflaumen-Rotwein-Gelee 198
Würzbutter 17

YZ
Yorkshire-Pudding 138
Ziegenkäsesoufflés, Überbackene, mit Radieschen-Brunnenkresse-Salat 27
Zitronen-Brotauflauf mit Rosinen 38
Zitronencreme mit gegrillten Aprikosen und Shortbread 203
Zitronen-Joghurt-Kuchen mit Himbeeren 44
Zucchini-Tomaten-Gratin mit gerösteter Paprika ... 97
Zwiebeln
Blumenkohl-Käse-Kuchen mit karamellisierten Zwiebeln 114
Zwiebel-Rosinen-Chutney 117

ISBN 978-3-88117-935-5

Übersetzung: Sabine Schlimm
Redaktion: Christin Geweke
Satz und Covergestaltung: typocepta, Köln
© 2014 Hölker Verlag im Coppenrath Verlag GmbH & Co. KG, Hafenweg 30, 48155 Münster, Germany
Alle Rechte vorbehalten, auch auszugsweise
www.hoelker-verlag.de

Die englische Originalausgabe erschien 2013 bei Quadrille Publishing Limited unter dem Titel THE GREAT BRITISH FARMHOUSE COOKBOOK.

Copyright © Quadrille Publishing 2013
Text: YEO VALLEY
Fotos: Andrew Montgomery
Art Director, Layout: Victoria Sawdon, Big Fish®
Illustrationen: Ariel Cortese, Big Fish®
Rezeptberatung: Debbie Major
Stylist: Jo Harris
Produktion: James Finan, Vincent Smith

REGISTER 223

Danke

An Dad, der uns so viel ermöglicht hat.
An Vicky für ihre Geduld, ihr wunderbares Layout und ihre große Kreativität.
An Perry, Lee und Ariel von Big Fish.
An Andrew, der diese wunderbaren Fotos gemacht hat.
An Debbie für ihre Hilfe beim Kochen und für inspirierende Rezepte.
An Anne und Simon von Quadrille, die uns mit ihrer großen Erfahrung unterstützt haben.
An Tim und Sarah, Amanda und Phil, Mum und alle bei Yeo Valley.
Last but not least an Clive, Emily, Alice, William und Maisie für ihre liebevolle und begeisterte Unterstützung.

Dies ist mein erstes Buch. Es war echtes Teamwork, und ich habe dabei enorm viel gelernt. Es hat unglaublich viel Spaß gemacht – ein riesengroßes Dankeschön an alle Beteiligten!

Kommen Sie vorbei!

Möchten Sie unsere Bio-Gärten und das Hofcafé besuchen? Oder gleich ein paar ruhige Tage in Wills Barn verbringen? Oder an unserer Yeoniversity etwas Neues lernen? Ganz gleich: Wir freuen uns, von Ihnen zu hören. Ach ja, an unserem Firmensitz können Sie außerdem Räume für Meetings oder Konferenzen buchen, und wir bieten auch Hofführungen an. Sie finden alle Angebote unter www.yeovalley.co.uk.